JOHANN MICHAEL MÖLLER

Der Osten

Eine politische Himmelsrichtung

zu Klampen *Essay*

Für Anne

Inhalt

»Tatsächlich ist bis heute der Nationalismus als Ideologie das größte Hindernis geblieben, das dem Nachdenken über die Nation entgegensteht.«

Henning Ritter

Die Geschichte erwacht

DEN Osten gibt es nicht. Es hat ihn nie gegeben; nicht einmal zu Sowjetzeiten, als die Länder Osteuropas hinter dem Eisernen Vorhang verschwanden und in der Wahrnehmung des Westens zu einem gesichtslosen, uniformen Block erstarrt waren. »Ostblock« – was für ein grauenhaftes Wort für ein grauenhaftes Kapitel unserer Geschichte. Dieser Ostblock, urteilt Karl Schlögel, der große Begleiter der Völker Mitteleuropas auf dem Weg zurück in ihre Geschichte, »löscht alles aus, was er bezeichnen soll«. Er zog eine Grenze »gegen die Geschichte und unser Wissen davon«.[1]

Schon deshalb hat sich die Rede vom Osten so hartnäckig halten können; hat den Fall der Mauer überlebt, den Zusammenbruch der kommunistischen Machtsysteme und auch das Wiedererscheinen einer verloren gegangenen Welt, weil uns das Wissen fehlt; weil wir unmusikalisch geworden sind für die älteren Formen unserer Geschichte. Und dennoch scheint es einen gefühlten Osten zu geben, so als wäre diese Himmelsrichtung zum Verständnis des sich neuformierenden Kontinents auch weiterhin unverzichtbar; als existierte auch nach

1 Karl Schlögel, Die Mitte liegt ostwärts. Europa im Übergang, München 2002, S. 26.

dem Ende der alten sowjetischen Machtverhältnisse noch immer eine imaginäre Klammer, die so grundverschiedene Völker und Landschaften, Geschichten und Mentalitäten vom Baltikum bis zur Schwarzmeerküste verbindet über das gemeinsame Schicksal des Ostblocks und seine Wahrnehmung durch den Westen hinaus.

»Im Osten erwacht die Geschichte«, hatte Pierre Bourdieu 1989 angesichts der sich öffnenden Grenzen ausgerufen. Auch er war vom Ende der Geschichte überzeugt gewesen und musste sich seinen Irrtum eingestehen.[2] So viel Anfang war nie, jener berühmte Satz, der in großen Lettern über den ersten Nachkriegsjahren gestanden hatte, bekam urplötzlich seine Gültigkeit zurück. »Wir sehen die Flaggen untergegangener Republiken wieder auf den Dächern ihrer Hauptstädte wehen«, notierte Karl Schlögel begeistert. »Ins Bewusstsein der Europäer treten die Namen von Städten und Orten, die aus dem Horizont der Gegenwart herausgefallen waren. Nun stellt sich heraus, dass untergegangene und totgeglaubte Welten leben.«[3]

Nur wenige Jahre zuvor hatte Milan Kundera von den gekidnappten und verschleppten Völkern Mitteleuropas gesprochen. Sein leidenschaftlicher Text, der sich rasch in vielen Sprachen verbreitete,

---

2 Pierre Bourdieu, Im Osten erwacht die Geschichte. Die Revolution und die Befreiung der Worte, in: Im Osten erwacht die Geschichte, hrsg. von Frank Schirrmacher, Stuttgart 1990, S. 159 f.

3 Schlögel, a. a. O., S. 17.

war wie ein intellektuelles Aufbäumen gegen den politischen Permafrost jener Zeit. Vergesst die Mitte Europas nicht, hieß sein Appell; jenes Europa, das zwischen die Fronten geraten war und zu Stalins Beutegut wurde. Im scharfen Kontrast der Teilung der Welt in West und in Ost war dieses Mitteleuropa verschwunden, und die bloße Rede davon war schon prekär, galt lange als »antiwestlich, antiliberal und antidemokratisch« und passte nicht in die Zeit.[4]

Dieses Mitteleuropa war nur in der Vorstellung des Westens »grau wie die Zeitungsspalten« (Schlögel). Es lebten darin auch keine »Ostblockmenschen«, sondern Polen, Tschechen, Ungarn. Doch »unsere Sinne, unser Auge, unser Ohr sind ost-westlich geschult, für die Nuancen, Schattierungen und Tonlagen dazwischen sind wir ziemlich unempfindlich geworden«, mahnte Schlögel in seinem spektakulären Essay »Die Mitte liegt ostwärts«, mit derselben Eindringlichkeit und derselben Überzeugungskraft wie vor ihm Milan Kundera.

Man muss sich der Zeitumstände vergewissern. Damals schien der kalte Krieg noch einmal kälter zu werden. Der Nato-Doppelbeschluss lag nur wenige Jahre zurück. Doch die Hoffnung, dass Europa eines Tages aufhören werde, »entweder West- oder

4 Detmar Doering, Liegt Mitteleuropa wirklich in Europa? Von einem Gegensatz, der keiner sein sollte, in: Freiheit.org, 18.01.2018.

Osteuropa zu sein«, diese Hoffnung hat sich dauerhaft nicht erfüllt. Das Europa, das dem Ende der Nachkriegszeit entgegengeht, werde kein »idyllischer Ort« sein, hatte Schlögel schon im Oktober 1989, einen Monat vor dem Mauerfall, prophezeit: »In der Dynamisierung aller Verhältnisse brechen Widersprüche auf, die für überwunden, und Probleme, die für erledigt gehalten wurden.«[5] So ist es leider gekommen. Der Westen Europas steht dem Osten heute so ratlos gegenüber wie zuvor. Er versteht ihn nicht; er will ihn auch nicht mehr verstehen; und was Russland betrifft: Er beginnt den Osten wieder zu fürchten.

Dasselbe lässt sich in umgekehrter Richtung sagen. Das große Vorbild des Westens und seine Wertewelt beginnen ihre Anziehungskraft zu verlieren. Ein gemeinsames politisches, ein kulturelles Projekt jenseits aller wirtschaftlichen und geostrategischen Interessen ist aus diesem größeren Europa nie geworden. Das wird inzwischen schmerzhaft deutlich.

Mit dem Ende des west-östlichen Blocksystems beginne die »Rache der Nationen«, hatte der französische Publizist Alain Minc 1990 vorhergesagt. Die Entwicklungen haben ihm recht gegeben.[6]

---

5 Schlögel, a. a. O., S. 27.

6 Zitiert nach: Grenzfälle. Über neuen und alten Nationalismus, hrsg. von Michael Jeismann und Henning Ritter, Leipzig 1993.

Europas Mitte

Seit 1987 berechnet das französische *Institut national de l'information géographique et forestière* die Mitte der Europäischen Union. Dieser Mittelpunkt hat sich im Zuge der Osterweiterung der EU tatsächlich ostwärts verschoben: vom belgischen Viroinval über das deutsche Kleinmaischaid bei Koblenz ins osthessische Meerholz, einen Stadtteil von Gelnhausen; dann nach Westerngrund in Unterfranken, und nach dem Brexit würde es Gadheim bei Würzburg sein. Das Magazin der »Süddeutschen Zeitung« hat diese Orte, die kaum einer kennt, fotografieren lassen und der so entstandenen Bilderserie berechtigterweise den Titel »Mitten im Nirgendwo« gegeben. Man könnte das wie eine ironische Paraphrase auf Schlögel lesen. Die Mitte Europas ist tatsächlich nach Osten gerückt; ein paar Kilometer immerhin und tief in die westdeutsche Provinz. Man kann sich den Spott darüber verkneifen. Es ist der errechnete Mittelpunkt einer Union, die ihren Ursprung im Westen hat und von anderen historischen Bezügen nicht allzu viel weiß. Es ist ein Europa der Statistiker und der Verkehrsplaner; der Strukturmittel und der Wirtschaftshilfen. Und man sollte nicht ungerecht sein: Es ist auch das Europa des guten Willens. Man schlägt einen Kreis auf der Karte, unbesehen der Frage, wo die historischen Wege verlaufen und die großen Erinnerungsorte sind. Das hat man allerdings nicht nur in unserer Zeit so gemacht. In Polen identifizierte man den geographischen Mittelpunkt Europas einst mit dem Örtchen Suchowola; das war zu Beginn der polnischen Teilung. Und der polnische Schriftsteller Andrzej Stasiuk umreißt sein Europa ebenfalls mit dem Zirkel. »Ich steche also die Nadel in den Ort, wo ich mich jetzt befinde und aller Voraussicht nach bleiben werde. Den zweiten Arm setze ich dort ein, wo ich geboren wurde und den größten Teil meines Lebens verbracht habe. Das ist schließlich die wichtigste Größe, wenn wir die eigene Biographie mit dem Raum in Einklang bringen möchten. Zwischen meinem Wolowiec und Warschau liegen in Luftlinie etwa dreihundert Kilometer. Natürlich kann ich der Versuchung nicht widerstehen und ziehe einen Kreis im Radius von dreihundert Kilometern um Wolowiec, um mein Mitteleuropa zu bezeichnen.« In diesem Kreis, so Stasiuk, »liegen ein Stück von Weißrussland, ein großes Stück der Ukraine, recht ansehnliche und ungefähr gleich große Stücke von Rumänien und Ungarn, fast die ganze Slowakei und ein kleines Stück von Tschechien. Ja, und ungefähr ein Drittel meines Vaterlandes. Aber kein Stück von Deutschland oder Russland, was ich mit einem gewissen Erstaunen, aber auch mit diskreter, atavistischer Erleichterung registriere.«[1]

1 Andrzej Stasiuk, Logbuch, in: Juri Andruchowytsch, Andrzej Stasiuk, Mein Europa, Berlin 2004, S. 79.

»Wir müssen«, schrieb wiederum Schlögel, »die Anschauung von dem Raum, in dem wir selbst leben, schon vollständig verloren haben, wenn wir den Begriff bemühen müssen. Es bleibt uns offensichtlich nichts anderes übrig, als ganz von vorne zu beginnen: vielleicht können die Deutschen West, die so ganz in der transelbischen Konfiguration aufgegangen sind, eine Vorstellung von Mitteleuropa, vielleicht auch ein Bild von ihrem Platz darin, überhaupt nur zurückgewinnen, indem sie dem Verschwinden ihres Bildes von Mitteleuropa nachgehen.«[2]

Man kann dieses Nachgehen fast wörtlich nehmen. Im Morgengrauen einer Spätsommernacht bald nach der Jahrtausendwende machte sich der Reporter Wolfgang Büscher auf, um von Berlin zu Fuß nach Moskau zu wandern. Ein solcher Fußmarsch ist eine sehr deutsche Idee, und sie weckt auch sehr deutsche Erinnerungen. Ein Land zu Fuß zu erkunden, heißt, es genau kennenlernen zu wollen, mit eigenen Augen und Ohren, mit all den Geräuschen und fremden Gerüchen. Wandern ist eine andere Form des Lesens. Fährten zu lesen heißt auch wissen zu wollen, wer vor einem ging. An der Grenze zu Russland, dort, wo der richtige Osten beginnt, dreht sich Büscher noch einmal um: »Im Westen war der Himmel aufgerissen, ein glühender Schlitz, breit wie der Horizont, die letzte

2 Schlögel, a. a. O., S. 17.

Sonne brach gerade durch. Ich sog das Bild aus dem Himmel, bis es verschwunden war, dann wandte ich mich wieder nach Osten, und die dunkle, schnurgerade Chaussee ins Nichts war mir die liebste, die ich je sah. Voller Versprechungen, voller Abenteuer, voller Anfang.«[3] Noch ein letztes Mal formuliert Büscher zu Beginn des neuen Jahrhunderts die Hoffnungen und Erwartungen am Ende des alten, dass Europa zusammenwächst und der Osten ganz selbstverständlich dazugehört. Auf dieser dunklen, schnurgeraden Chaussee sind viele damals gegangen.

---

3 Wolfgang Büscher, Berlin – Moskau. Eine Reise zu Fuß, Reinbek 2003, S. 166.

Wo wir uns finden

Zu den denkwürdigsten Erinnerungen an meine ersten Korrespondentenjahre in der zerfallenden DDR gehört, dass mich kaum jemand nach meinem Werdegang, gar nach meiner Familiengeschichte gefragt hat. Ich besaß eine Funktion und repräsentierte ein anderes Leben und blieb doch in einem Wahrnehmungskäfig gefangen, aus dem es offenbar keine Entlassung gab. Ihr Westdeutschen, hat mir der Berliner Philosoph Jürgen Große sehr viel später erklärt, wart in unserer Diskurssemantik gewissermaßen die »Normalnull«, ihr musstet euch nicht erklären. Damals habe ich das als unangenehm empfunden. Ich habe mich nie daran gewöhnt.

Noch heute spüre ich den prüfenden Blick, mit dem mich der Schriftsteller Jürgen Fuchs während einer Diskussionsveranstaltung unverwandt ansah, um mir dann hinterher mitzuteilen, dass er das Gespräch fortzusetzen gedenke. Ich hatte seine Musterung offenbar bestanden, ohne dass freilich ein einziges persönliches Wort zwischen uns gefallen war. Eine solche Form der Wahrnehmung lernt man wohl nur in totalitären Gesellschaften, die ihre eigentliche Kommunikation in die Lautlosigkeit verbannt haben. Manches kapiert ihr Westdeutschen einfach nicht, bekam ich hin und wieder zu hören. Aber ein solcher Satz galt schon als Vertrauensbeweis. Das ist immer noch so. Die Schriftstellerin Jana Hensel beschreibt die Mauer des Schweigens, auf die sie bei einer Lesung in Düsseldorf stieß; und dann stellte sich plötzlich heraus, im Saal saßen überwiegend Ostdeutsche. Sie hat das als Verbergen von Herkunft gedeutet.

Anfang der neunziger Jahre sollte ich vor einem Kreis ehemaliger Professoren an der Universität Jena sprechen. Man hatte mich zum Thema »Wendeerfahrungen eines Westdeutschen« eingeladen. Ich traf auf dieselbe Mauer des Schweigens. Niemand im Publikum verzog eine Miene; keinerlei Reaktionen, aus denen ich auf Zustimmung oder Ablehnung hätte schließen können. Bis sich am Ende meines Vortrags ein stattlicher Mann erhob und mir für meine guten Absichten dankte. Aber bitte verstehen Sie auch mich, sagte er dann: »Ich bin ein Kind der deutschen Arbeiterbewegung und ich werde es bis an mein Lebensende bleiben.«

Das war im selben Saal der großen Aula der Universität, an deren Stirnseite das berühmte Bild von Ferdinand Hodler hängt über den »Auszug deutscher Studenten in den Freiheitskrieg von 1813«. Dieses Bild hat eine wechselvolle Geschichte erlebt. Es wurde gefeiert und war verfemt; man hat es mit einer Bretterwand verschlossen und es wieder hervorgeholt; zu DDR-Zeiten war es zeitweilig durch einen Vorhang verhüllt. Neben mir stand einer der Marxismus-Leninismus-Professoren, denen die Abwicklung drohte. Ob ich wisse, fragte er mich, wessen Züge der sogenannte Rockanzieher auf dem Bild denn trage. Dann erzählte er mir die inzwischen bekannte Geschichte von Walter Eucken, der dem Maler mit siebzehn Jahren Modell stehen musste. Seine Mutter, die in Jena ein kunstsinniges Haus führte, hatte den Schweizer Maler 1908 zu diesem Bild inspiriert. Die ganze Zeit, sagte mein ML-Professor lakonisch, während wir hier vorne Politische Ökonomie lehrten, hörte uns hinter dem Vorhang einer der Väter der sozialen Marktwirtschaft zu.

An der Universität Jena hatte der Umbruch sehr früh begonnen. Schon Anfang Dezember 1989 organisierte sich ein kleiner Kreis von reformwilligen Dozenten um den Internisten Dietfried Jorke in der Aktionsgemeinschaft zur demokratischen Erneuerung der Hochschule. Von Jena ging auch die erste Initiative zu einem deutschlandweiten Treffen von Studenten und Hochschullehrern aus, die sich am Fuße der Wartburg versammelten und ein »demokratisches Deutschland für Europa« forderten. Kopf dieser Initiative war der Jenaer Mediziner Ulrich Zwiener, ein gewinnender Mann, dem man seinen Durchsetzungswillen auf den ersten Blick gar nicht ansah. 1000 Studenten waren ihm zur Wartburg gefolgt, 250 Hochschullehrer kamen aus ganz Deutschland. Es war ein warmer Tag, das Gras noch etwas feucht, und es schien, als hätte es die tödliche Grenze, die fast in Sichtweite verlief, nie gegeben. Von den Professoren sind mir Wolfgang

Schuller und Thomas Nipperdey in Erinnerung geblieben, die umringt von Studenten ihre Vorlesungen hielten. Wenn Heinrich Heine hätte herüberschauen können, es wäre ihm kein Krächzen aus der Vergangenheit zu Ohren gekommen, kein »obskurer Rabengesang«. Ich habe selten einen Moment erlebt, der so von Zukunft durchdrungen war wie jener im feuchten Gras vor der Wartburg.

Ulrich Zwiener ist seinem Lebensthema, der europäischen Verständigung, treu geblieben, hat das Collegium Europaeum Jenense gegründet und seine eigene Stiftung. 2004 hat er sich das Leben genommen; er sprang vom zehnten Stock der Leipziger Universitätsklinik in den Tod. »Die Sensiblen gehen oft vorzeitig«, heißt es in einem der wenigen noch greifbaren Nachrufe auf ihn. Das Gefühl, umsonst gelebt zu haben, ließ seine Generation wohl nicht los.

Für einen kurzen Moment hatte man glauben können, dass die lange getrennten Teile des Landes wieder zusammenfinden, nicht in einem Verwaltungsakt, sondern in einer gemeinsamen Geschichte. Die Friedliche Revolution schien ein solcher Erinnerungsort zu werden, auf den die Ostdeutschen zu Recht stolz sein konnten. Nicht nur, weil sie sich aus eigener Kraft von einer Diktatur befreien konnten, sondern weil sie der gemeinsamen Geschichte ein Kapitel hinzugefügt hatten, das es so in der deutschen Vergangenheit gar nicht gab. Auf dem Wartburgtreffen spielte Ost oder West schon gar keine Rolle mehr. Die DDR schien sich abzulösen wie eine alte Tapete.

Warum ist dieses Gefühl so schnell umgeschlagen? Warum ist aus einem großen Gezeitenwechsel ein kleinmütiger Vorgang geworden? Und warum folgte auf eine kurze Freude über die Freiheit eine lange Empfindung von Demütigung und Verlust? Gründe gibt es viele dafür, und sie finden sich nicht nur im Osten.

Fünfzehn Jahre nach dem Mauerfall begann in Deutschland eine verspätete Debatte über den Patriotismus. Aber sie wurde nicht von denen geführt, von denen man sie erwartet hätte, den bürgerlich Konservativen, sondern von denen, die sie immer für obsolet hielten, den westdeutschen Linken. Wie einen psychischen Gezeitenwechsel empfand das damals der Historiker Hans-Ulrich Wehler. Es schien, als würde jetzt eine Debatte über das eigene, wiedervereinte Land nachgeholt, die es nach 1989 nicht gegeben hatte, so jedenfalls registrierte es der heutige Bundespräsident und damalige Kanzleramtsminister Frank-Walter Steinmeier.[1] Für einen kurzen Moment konnte man den Eindruck gewinnen, als ob sich unser Land in der späten Ära Schröder aussöhnen wolle mit seiner Geschichte. »Wo wir uns finden«, hatte der Journalist Eckhard Fuhr damals sein Buch genannt, in dem er das herrenlos ge-

---

1 Johann Michael Möller, Ein Alarmsignal für die Union, in: Berliner Republik 3/2005.

wordene deutsche Traditionsgut zu bergen versucht hat. Es hätte ein dritter geistiger Gründungsakt der Republik werden können. Nach der Etablierung der Bonner Republik, nach ihrer Umwälzung durch 68 schließlich die Aussöhnung mit dem befriedeten deutschen Nationalstaat. Der Entschluss, das Berliner Schloss wiederaufzubauen und es in ein Weltkulturmuseum zu verwandeln, war das deutlichste Zeichen dafür. Daraus ist nicht viel geworden. Gerade jenes politische Milieu, auf das Fuhr so große Hoffnungen gesetzt hatte, begann der alten Westrepublik am meisten nachzutrauern. Der Osten blieb ihm weiterhin fremd. Das Land durchzog eine lebende Grenze.

Die Hausmaushybridzone

Wir haben uns im vereinten Deutschland so sehr daran gewöhnt, von Ostdeutschen und Westdeutschen, von Ossis und von Wessis zu reden, als dass uns noch auffiele, wie lieblos und reduziert solche Bezeichnungen sind. Von keinem Menschen aus Osteuropa würden wir so sprechen und von keinem Westeuropäer. Das sind Polen oder Ungarn für uns; Franzosen und Italiener. Menschen mit einer Herkunft, einer Sprache und einer Biographie. Klaus Mehnert, der große Russlandversteher, hat das Wort vom »Sowjetmenschen« in seinem Buch populär gemacht. Aber seine Absicht war eine ganz andere. Er wollte sein Russland für das deutsche Publikum retten. Für ihn war das Sowjetsystem nur eine Zwangsjacke, in welche die Bolschewiken das russische Volk gesteckt hatten.[1]

Man kann das in den Lebenserinnerungen der Historikerin Irina Scherbakowa, einer der Gründerinnen der Gedenkstiftung »Memorial«, sehr genau nachlesen. Die Beschreibung der Lebensgeschichte ihrer Familie zwischen jüdischer Herkunft, sowjetischem Alltag und bolschewistischem Herrschafts-

1 Ulrich Schmidt, Wie bolschewistisch ist der Sowjetmensch? Klaus Mehnert erkundet die russische Mentalität, in: Zeithistorische Forschungen, Online-Ausgabe 4/2007, S. 467.

system zeigt uns ein viel differenzierteres Bild der sowjetischen Gesellschaft, als uns die Rede vom *homo sovieticus* weismachen will. Das Russische, das Ukrainische, das Georgische oder Jüdische schimmerte immer noch durch; und das galt für die meisten Völker im einstigen Riesenreich dieser Sowjetunion.[2]

Nur bei den eigenen Landsleuten verwenden wir eine Terminologie, die den Verlust an gemeinsamer Geschichte, gemeinsamer Wahrnehmung und fehlender Empathie auf erschreckende Weise verrät. Die Leipziger Kulturphilosophin Kerstin Decker hat die wunderbare Story von der Trennung des großen alten Kulturvolks der Hausmäuse erzählt; in die Ostmäuse, *mus musculus musculus*, und in die Westmäuse, *mus musculus domesticus*. »Sie waren ein Volk, sie waren Brüder und Schwestern. Sie schliefen zusammen, sie fraßen zusammen. Bis zur großen Teilung. Die einen schauten fortan nach Westen, die anderen nach Osten.«[3] Die Mäusemauer verläuft seither mitten durch Brandenburg, östlich an der Hauptstadt vorbei. Sie trennt bis heute die Ostmäuse von den Westmäusen, und nur in einer schmalen »Hausmaushybridzone« vermischen sich einzelne Exemplare.

---

2 Irina Scherbakowa, Die Hände meines Vaters. Eine russische Familiengeschichte, München 2017.

3 Kerstin Decker, Deutsche Teilung in der Biologie. Wo die Westmaus der Ostmaus begegnet, Der Tagesspiegel, 12. Januar 2019.

Am liebsten bleibt jede Subspezies für sich. Die Unterschiede, schreibt Kerstin Decker, seien viel zu groß, um auf Dauer unter ein und demselben Dach leben zu wollen. Die Geschichte von den Ostmäusen und den Westmäusen liest sich wie eine Parabel. Aber diese Mäusemauer existiert wirklich. Mitten durch unser Land verläuft eine »lebende Grenze«. Für die Mehrzahl der Ostdeutschen ist sie noch immer »die wichtigste Trennlinie in unserer Gesellschaft«. Die Herkunft aus dem Osten oder dem Westen entscheidet, das haben die Umfragen von Allensbach erst wieder gezeigt.[4] Man möchte es gar nicht glauben, wie fremd wir uns immer noch sind.

---

4 Renate Köcher, Fremd im eigenen Haus, Institut für Demoskopie Allensbach, in: Frankfurter Allgemeine Zeitung vom 23. Januar 2019.

Blühende Landschaften

Es gab kurze Momente in jenen aufgewühlten Tagen im Herbst 1989, da lagen wir uns wirklich in den Armen, die Thüringer und die Hessen, die Vogtländer und die Franken, die Menschen aus dem Eichsfeld diesseits und jenseits der Grenze. Für einen Augenblick blitzte die Ahnung auf von gemeinsamer Geschichte und Landschaft, von Herkunft, Sprachfärbung und Tradition. Die DDR hatte das Wissen darum gelöscht, aber auch im Westen war es versunken. Wer über die Straße der Romanik durch Sachsen-Anhalt nach Norden fährt, der fährt durch ein Kernland der deutschen Geschichte. Es stand uns jahrzehntelang als Zonenrandgebiet noch vor Augen. Man kannte es bestenfalls aus den Büchern. Es gibt wohl kein Land in Europa, das über seine neugewonnene Einheit so rückwärtsgewandt und doch so geschichtsverloren debattieren würde, wie wir es zurzeit wieder tun.

Neulich kam ich nach Blankenburg, dem alten Luftkurort im Harz. Man steht dort vor einem mächtigen Bau mit Mittelrisalit, Rundbogenfenstern und einem Hauch von italienischer Renaissance. Heute ist das ein Hotel; einst war es die Kaserne der Schwarzen Jäger. Sie gehörten zum Leibbataillon des Infanterieregiments in Braunschweig. Wer, außer den Heimatforschern, kennt das Herzogtum

Braunschweig noch und weiß, dass es sich einmal über diese innerdeutsche Grenze hinweg erstreckte? Genauso Helmstedt im Westen, das letzte Klo vor Berlin, wie die Transitreisenden einst spotteten. Helmstedt war Universitätsstadt. Giordano Bruno hat dort gelehrt. Das alte Juleum zeugt von seiner Bedeutung.

Als die Grenzen aufgingen und man über Nacht die alten Straßen wieder passieren konnte, da hatte es wirklich den Anschein, dass die Wunden zu verheilen beginnen. Vielleicht muss man das selbst miterlebt haben, um diesen Zauber noch einmal zu spüren. Drei Jahrzehnte ist das jetzt her; die Teilung existierte nur zehn Jahre länger. Dreißig Jahre, in denen – man muss es so sagen: blühende Landschaften wieder entstanden sind.

Ich verstehe den Spott nicht, den dieses Wort immer noch auslöst. Helmut Kohl ist doch längst tot und der Osten der schönere Teil Deutschlands geworden. Auch wenn ich die Einwände sofort zu hören bekomme, dass kaum eines dieser wunderschön hergerichteten Häuser Eigentum eines Ostdeutschen sei. Sie gehören, wie die sächsische Integrationsministerin Köpping gerne betont, »westdeutschen Zahnärzten und Besserverdienenden«[1]. Der Osten als Steuersparmodell. Seine Bewohner als die Geprellten.

---

1 Petra Köpping, Integriert doch erst mal uns. Eine Streitschrift für den Osten, Berlin 2018.

Unser wiedervereinigtes Land hat seinen Frieden mit sich nie gefunden. Je näher wir uns in den letzten Jahrzehnten anschauen mussten, desto fremder blicken wir inzwischen wieder zurück. Selbst der aus Rostock stammende frühere Bundespräsident Gauck spricht heute von Dunkeldeutschland, und er meint seine eigene Heimat damit. »Tschechien – wie wär's«, soll der ehemalige Kommunikationsdirektor der Erzdiözese Köln nach der Bundestagswahl 2017 getwittert haben: »Wir nehmen euren Atommüll, ihr nehmt Sachsen?«

Dunkeldeutschland

Für nicht wenige ist Sachsen inzwischen »das dunkelste Bundesland im ohnehin dunklen Teil Deutschlands« (Thomas Schmid). Dort, wo Pegida haust, und die Rechtspopulisten ihr Unwesen treiben. Dabei ist dieses Land ein Land wie aus dem Bilderbogen geworden; selbst das Grün der Wiesen ist so grün wie das Grün im Westen. Durch die neue Autobahn ist Prag bis auf einen Katzensprung an Dresden herangerückt. Von den alten Grenzverläufen kann man nicht mehr viel sehen; und Breslau liegt gleich um die Ecke. Das ist nicht der hinterste Winkel, das ist die Mitte Europas.

Ende der achtziger Jahre war schon eine Fahrt nach Görlitz beschwerlich. Bald hinter Dresden wurden die Straßen so schlecht, dass man am liebsten wieder umkehren wollte. Damals war Görlitz weit weg von meinem bisherigen Leben. Es sah so trostlos und unrettbar aus wie alle diese Städte, die man in der DDR links liegen gelassen hatte. Mein erster Eindruck von Görlitz war Schiller. Seit meiner Kindheit waren mir die Züge vertraut, die der Bildhauer Dannecker dem Dichter gegeben hatte. Vor allem die Nase. Das Schillerdenkmal von Görlitz stand nach meiner Erinnerung ziemlich verloren an einer Ampelkreuzung, und kaum einer der Vorbeifahrenden registrierte es noch. Für mich wurde es wie ein Wanderzeichen, das mir meine Orientierung zurückgab. Schiller, ein wundersamer Brückenschlag von Marbach nach Görlitz.

Erst später ist mir klargeworden, dass solche Büsten zum 100. Geburtstag des Dichters 1859 überall in Deutschland aufgestellt wurden; Schiller, die große Identifikationsfigur einer Nation, die »erst noch eine werden wollte«. Oder um es in seinen Worten zu sagen: »Wir sind ein Volk, und einig wollen wir handeln.«[1]

Ein Denkmal vom großen Ernst Rietschel war dem Görlitzer Festkomitee übrigens zu teuer gewesen; deshalb hatte man sich mit dem preiswerteren Nachguss von Dannecker begnügt. 60 Taler sollte er kosten, dafür waren aber Sockel und Postament aus Großkunzendorfer Marmor. Bei der Grundsteinlegung ließ man abends von den Kaltbergen bei Hennersdorf die Feuer leuchten. Heute heißt Hennersdorf Jedrzychowice und gehört zur Landgemeinde Zgorzelec. Früher war dort der Grenzübergang Richtung Polen. Den Großkunzendorfer Marmor hat man übrigens weit über Schlesien hinaus verbaut. Europa ist auch die Geschichte seiner Gesteine.

Wir sprechen heute von der Transformation einer Gesellschaft. Was für ein schreckliches Wort. Es war

1 Rolf Selbmann, Dichterdenkmäler im 19. Jahrhundert und das Dichterdoppeldenkmal in Weimar, in: Das Denkmal Goethe und Schiller als Doppelstandbild in Weimar, Tübingen 1993, S. 54.

für alle, die das damals miterlebt haben, ein schier unglaublicher Vorgang, wie schnell das Leben in die alten Stadtviertel zurückkehrte, sich die alten Landschaften verwandelten und Farbe bekamen in ihr aschgraues Gesicht. Manche dieser Städte sind dem Tod buchstäblich von der Schippe gesprungen. Meißen etwa, Halle und Wismar, Erfurt oder Stralsund. Der in Ostberlin aufgewachsene Journalist Stefan Berg hat auf dem Höhepunkt der Flüchtlingskrise einen offenen Brief an die Einwohner von Freital geschrieben und sie an den Zustand dieser Städte erinnert. »Es gibt noch Bilder davon. Wenn ich sie mir ansehe, dann weiß ich wieder, wie es gerochen hat damals. Meine Zunge ist wieder belegt, meine Stimmung getrübt.«[2]

Der frühere Ostbeauftragte der Bundesregierung, Rolf Schwanitz, erzählt gerne die Geschichte von den beiden Zetteln, die er stets hervorholte, wenn es um den Zustand der früheren DDR-Wirtschaft ging: einen Auszug aus dem geheimen Schürer-Papier, der dem Politbüro nach dem Sturz Honeckers die Augen darüber öffnete, dass das Land kurz vor der Pleite stand. Der zweite Zettel war seine »PKW-Anmeldung« aus dem Jahr 1980, der ihm eine zwölfjährige Wartezeit auf einen Trabant verhieß, natürlich

---

2 Stefan Berg, Seid endlich still. Ein Brief an die Menschen in Freital, die keine Flüchtlinge aufnehmen möchten, in: Der Spiegel 30/2015.

ohne jede Gewähr auf den späteren Kauf. Besser, so Schwanitz, lasse sich die Mangelwirtschaft kurz vor dem Ende des Sozialismus nicht beschreiben. Die DDR, das hat man heute vergessen, war ein zu Schanden gerittenes Land.[3]

Wie schnell solche Bilder verschwinden! Ich stand damals als junger Reporter in der Nähe von Buttlar an einem der hastig eröffneten Grenzübergänge an der alten Fernstraße aus Fulda und wartete darauf, dass die Grenzposten der DDR den Weg auch in östlicher Richtung freigeben würden. Es war die Nacht vor Heiligabend 1989. Man hatte in aller Eile einen Baucontainer aufgestellt und einen Draht über die Straße gespannt, an dem eine einsame Lampe baumelte. Der westdeutsche Zollbeamte, der in dieser Nacht Dienst hatte, kam aus dem badischen Lörrach, und seine große Angst war es, womöglich bald seinen Dienst an der polnischen Grenze versehen zu müssen. Er deutete in die Dunkelheit. In östlicher Richtung war es stockfinster.

Dunkeldeutschland war damals keine Behauptung. Die DDR war wirklich ein dunkles Land. Nachts verschwand der öffentliche Raum hinter den grauen Häuserfassaden. In den Zimmern dahinter saß man im engen Kreis von Freunden zusammen und redete über die Welt. Ich wohnte zu jener

---

3 Rolf Schwanitz, Die Treuhand war nicht schuld, in: Frankfurter Allgemeine Sonntagszeitung vom 3. März 2019.

Zeit in einem Dorf bei Weimar, und der nächtliche Weg dorthin war stockfinster. Eine einsame Leuchtreklame der Firma Wüstenroth leuchtete zitronengelb durch die Nacht. Man fuhr genauso lange auf sie zu, wie man sich wieder von ihr entfernte.

Sind wir ein Volk?

Es ist ein Märchen, zu glauben, dass es in der alten Bundesrepublik namhafte Kräfte gegeben habe, die diese Wiedervereinigung wirklich noch wollten. Das war eine Minderheit, und sie gab sich kaum zu erkennen. Den meisten Westdeutschen war die DDR ohnehin so fern wie die fernste Mongolei, wie es Franz Xaver Kroetz in seiner flapsigen Art formulierte. Er hat es später in einem Interview wiederholt. Die deutsche Einheit war ein abwegiges Thema geworden, und ein verborgenes dazu. Die Landschaften des Ostens gab es nur virtuell. Die deutsche Geschichte hatte sich von ihren Schauplätzen abgelöst. Weimar war zu einer Chiffre der deutschen Literaturgeschichte geworden, Buchenwald zu einer Metapher des Schreckens. Dass in Meiningen die deutsche Theatergeschichte ihren Anfang genommen hatte, wussten nur Spezialisten; wieso Gera eine der wohlhabendsten Städte des deutschen Kaiserreichs geworden war und die erste moderne Fabrikhalle hatte, konnte sich im Westen niemand erklären. Das Bauhaus war ein Architekturstil; Wörlitz weitgehend unbekannt, in Hellerau saßen die Russen, und Neuhardenberg hatte man zu Marxwalde gemacht.

Die Thüringer Heimat meiner Familie bestand für mich nur aus Geschichten. Als ich zum ersten

Mal wirklich vor dem Bauernhof meines Großvaters stand, hat mich die Existenz dieses Gebäudes fast erschreckt. Es gab sie doch, diese Orte unserer Familiengeschichte. Sie verließen die Erinnerungen, in denen sie lange gefangen waren, und wanderten auf mich zu. Ich weiß noch, wie ich Joachim Fest nach Weimar begleitete und er sich im Innenhof des Schlosses mit dem Satz zu mir umdrehte: »Wie konnten wir uns eigentlich unsere Zukunft jemals ohne all das hier vorstellen.« Wir konnten es.

Auf seiner ersten Reise zu den großen Parteitagsstätten der deutschen Sozialdemokratie kam Willy Brand nach Erfurt. Der Kaisersaal, wo 1891 der Erfurter Parteitag der SPD stattgefunden hatte, war eine ausgebeinte Ruine. Im Dach klaffte ein riesiges Loch. Willy Brandt hatte sich von seinen Begleitern gelöst und war allein in den baufälligen Innenraum gegangen. Durch das Dach schien die Sonne. Das Licht fiel auf ihn. Ich konnte mich des sentimentalen Gedankens nicht erwehren: Da kehrt einer heim in seine Geschichte.

Kurz vor der Wende, die Mauer sollte nach dem Willen ihrer Erbauer noch hundert Jahre stehen, begann Martin Walser wieder über Deutschland zu reden. Das war eine unerhörte Begebenheit. Dass der Schriftsteller vom Bodensee, der nicht im Verdacht stand, ein Rückwärtsgewandter zu sein, über einen Verlust sprach, mit dem er sich nicht abfinden wollte, hat die alte Bundesrepublik sprachlos gemacht. Das intellektuelle Deutschland schwieg und wollte verschweigen. Der Münchner Korrespondentin meiner Zeitung war der Vorgang nur ein paar Zeilen wert, und dass der Redetext dort überhaupt erscheinen konnte, verdankt sich besonderer Umstände. Der Literaturchef wollte ihn nicht im Blatt haben, wohl weil er sich angegriffen fühlte. Erschienen ist er dann doch. Auch damals endete eine Ära.

Martin Walser sprach von einem Land, das wie aus weiter Ferne zu uns herüberblickte, und von den alten Namen, die er nicht von seiner inneren Landkarte tilgen wollte. »Aber weil es fehlt, hält Thüringen mich besetzt mit Heiligen und Handwerkern, mit Spielzeug und Esszeug, mit Köhlern und Wäldern, mit einer bis ins Erdinnere reichenden Gliederungsvielfalt. Wenn ich heute an Magdeburg vorbeifahre, weiß ich vor Verlegenheit und Bedauern nicht, wo ich hinschauen soll. Und wenn mir Königsberg einfällt, gerate ich in einen Geschichtswirbel, der mich dreht und hinunterschlingt. Jedesmal komme ich wie der Fischer in Edgar Alan Poes Maelström-Geschichte noch weißhaariger zurück.«[1]

Und Walser entdeckte einen, der von dort herüberwinkte, der nicht irre geworden war an der Teilung und für sich selbst weiterschrieb, in einer Sprache »schwer von Vergangenheit«. Martin Walser liest Wulf Kirsten, und die beiden so ungleichen Männer gehen »die Feldwege hinaus in die

1 Martin Walser, Über Deutschland reden, in: Die Zeit, 4. November 1988.

Runkelschläge«. Da lebt einer wie barfuß, dessen Sprache nicht urteilt. »Sie schleppt Sachen heran. Gegen das Vergessen.« Als sich die beiden Schriftsteller nach dem Mauerfall im alten Verlagshaus des Suhrkamp-Verlages in Frankfurt tatsächlich gegenübersitzen, haben sie sich nichts mehr zu sagen. Ihr wechselseitiges Verstummen ist wie eine Parabel auf die Sprachlosigkeit, die der Wiedervereinigung folgte.

Über die Jahrzehnte hatte sich eine mentale Arbeitsteilung in der alten Bundesrepublik eingestellt, in die das Beitrittsgebiet Ost nicht mehr recht passen wollte; allen Fensterreden am 17. Juni zum Trotz. Als das »Beitrittsgebiet« dann kam, wirkte es wie ein Fremdkörper. Beide Seiten empfanden das so. Wolfgang Engler hat unlängst einen Text ausgegraben, an den sich sein Autor wohl nicht so gerne erinnern wird. »Es findet heute die Besetzung der Bundesrepublik durch die DDR statt«, schrieb Thomas Schmid zum Oktober 1990 in der Zeitschrift »Kommune«. Und weiter: »So weht eine altdeutsche materialistische Sittlichkeit herüber, der heroisch gewendete Alptraum vom Überlebenskampf als der letzten Bestimmung des Menschen.« Schmid ist mit seiner Schreckensvision nicht allein. Das sei ja gar keine richtige Revolution gewesen, tönte es von den Ufern des Starnberger Sees herüber, sondern nur der Versuch, überhaupt Anschluss zu finden an den enteilenden Westen. Für den französischen Revolutionshistoriker François

Furet war diese friedliche Revolution ohnehin nicht blutig genug.

Natürlich machte die Vereinigung vor dem Westen nicht halt; es wäre naiv gewesen, so etwas anzunehmen. Auch die Westrepublik ist eine andere geworden; sie hat das zu Anfang nur selbst nicht bemerkt. Allein die neue Hauptstadt Berlin ließ in einem ungeahnten Tempo vergessen, wie lange Deutschland aus einem rheinischen Kurbad heraus regiert worden war. Der Wiederaufstieg von Leipzig und Dresden; die Rückkehr von Weimar und Halle auf den Landkarten des Geistes, die unzerstörte Patina des alten Erfurts – all das ging an der Bundesrepublik nicht spurlos vorüber, auch wenn die Dramatik der Umbrüche nicht zu vergleichen war. München wurde wieder Bayern, Köln wieder Rheinland, und das Kulturwunder Frankfurts, dem Hilmar Hoffmann einst überhaupt Leben eingehaucht hatte, löste sich auf. Für einen kurzen Moment schien das ganze Land in Bewegung. Aber die Abstände zueinander blieben und die unterschiedlichen Lebenshaltungen auch. Von einer Mauer in den Köpfen hat man damals gesprochen. Inzwischen spricht man wieder von Fremdheit.

Herz der Finsternis

AUF dem Höhepunkt der Pegidastimmung in Dresden und der Wahlerfolge der AfD erschien ein Artikel in der »Frankfurter Allgemeinen Zeitung«. Sein Verfasser, der Schriftsteller Marcel Beyer, wollte den fruchtbaren Schoß erkunden, aus dem das alles noch kroch. Seine Forschungsreise führte ihn nicht an den Neckar, auch nicht an die Isar oder den Rhein; sie führte ihn, man wird es wohl ahnen, in die Nähe der Elbe, die schon immer die große Wegscheide der deutschen Geschichte war.

Beyer beginnt seine Reise nicht in Dresden, wo er wohnt und die auferstandene Silhouette des alten Elbflorenz eine italienische Anmut besitzt. Er beginnt seine Reise flussabwärts, dort wo die Elbe barbarisch wird und das zivile Deutschland bald endet; wo die Teilung noch spürbar ist und das eintönige Leben in einem endlosen Grau versinkt. Diesseits der Elbe war man noch im Westen, jenseits begann jener Landstrich, aus dem schon immer das Böse kam. Ostelbien – was für ein Tolkienscher Name; die Landschaft der Junker, der verhockten Beziehungen und der dumpfen Ideen; ein Erbe wie ein Klotz am Bein der deutschen Geschichte. Jahrzehntelang war man froh gewesen, ihn endlich losgeworden zu sein; jetzt hatte man ihn wieder am Hacken.

»Folgt man der Elbe nur lange genug flussabwärts«, beginnt Beyers Erzählung, gelangt man irgendwann im nordostdeutschen Nirgendwo an den letzten Außenposten des Westens, in die Stadt Bleckede, die kaum einer kennt. Zonenrandgebiet eben, wie man früher gesagt hätte. Doch der Weg ist noch nicht am Ende; er führt Beyer weiter nach Garze, um dann auf einen Weiler namens Karze zu stoßen, wo man glaubt, »Eintönigkeit und Erlebnisarmut dieser Gegend« mit Händen greifen zu können.[1]

Es wäre unfair gewesen, im Gegenzug den Geburtsort des Autors auf der Schwäbischen Alb aufzusuchen. Von Tailfingen aus, wo er geboren wurde, das im Tal der Schmiecha liegt, käme man nämlich in nördlicher Richtung nach Onstmettingen, in südlicher nach Truchtelfingen und in westlicher nach Pfeffingen. Beyer würde zu Recht darauf bestehen, dass er eigentlich in Kiel und Neuss gelebt hat, aber es geht nicht um die Art der Provinz, sondern um die Sätze, die ihm in den Flussniederungen einfallen. An der Elbe sind es die Sätze des russischen Schriftstellers Warlam Schalamov, der seine prägenden Jahre im sowjetischen Straflager in der Gegend von Kolyma verbracht hat. Schalamov fragt sich: »An welcher letzten Grenze kommt das Menschliche abhanden?« Aus der Perspektive von

1 Marcel Beyer, An welcher Grenze kommt das Menschliche abhanden? in: Frankfurter Allgemeine Zeitung vom 7. Juni 2018.

Karze müsste das wohl die ehemalige Zonengrenze sein, die ein paar Kilometer weiter verlief, also dort, wo Ostelbien schon immer begann.

Es mag dem schriftstellerischen Übermut geschuldet sein, aber diese Reise sollte nicht als Reise ins gottverlassene Zonenrandgebiet erscheinen, sondern viel schlimmer noch: als eine Fahrt direkt ins Herz der Finsternis. Manche Titel haben sich so vollständig von ihren Büchern gelöst, dass sie zu Allerweltswendungen geworden sind. Das »Herz der Finsternis« ist eine solche Wendung. Man muss sich bei einem sorgfältigen Schriftsteller wie Marcel Beyer trotzdem fragen, ob ihm entgangen sein könnte, was Joseph Conrads berühmter Roman eigentlich meint. Ostelbien als »Heart of Darkness«? Das Land jenseits der Elbe als deutsches Kolonialgebiet? Die Ossis als Neger? Ihr Beitrittsgebiet als inneres Afrika, in das man zwar eindringen kann, aber um einen horrenden Preis? »The horror!« heißt es bei Conrad am Ende: »The horror!«

Marcel Beyer geht es genauso. Seine imaginäre Reise in dieses deutsche Herz der Finsternis führt ihn über Schneeberg und Stollberg, Bautzen, Freital, Heidenau und Cottbus (überhaupt die allerdunkelsten Ecken von Dunkeldeutschland) dann doch wieder zurück in den Westen, ins rheinland-pfälzische Kandel; dorthin, wo ein junger Asylbewerber eine Minderjährige erstochen hat und die Volksseele schäumt. Der Weg geht von den Rändern mitten hinein in die deutsche Gesellschaft, und der

Extremismus des Ostens verwandelt sich in den Extremismus der Mitte. »Wir sind die Mitte der Gesellschaft«, zitiert Beyer wie zum Beweis einen Schlüsselsatz von Vera Lengsfeld, der früheren DDR-Bürgerrechtlerin und einer der Initiatorinnen der »Gemeinsamen Erklärung« gegen die Migrationspolitik Angela Merkels.

Der Osten des Landes, so erscheint es, ist wieder zum Infektionsherd des Westens geworden. Das haben die Kritiker der Wiedervereinigung immer geargwöhnt. Hinter der Elbe beginnt eben die Steppe. Schon Adenauer hat das gewusst. Die Gefahr sei groß, schrieb er bald nach Kriegsende, »Asien steht an der Elbe«.[2] Die Westgruppe der Sowjetstreitkräfte war gleichsam auf ureigenstem Boden stationiert. »Der innere Iwan«, ist einer der Artikel zu Pegida überschrieben.

Sie haben sehr lange geschwiegen, die notorischen Verächter der deutschen Einheit; haben sehr lange mit ansehen müssen, wie diese Nation doch den Versuch unternahm, ihre Wunden zu heilen. Sie konnten den Wiederaufbau der Dresdner Frauenkirche so wenig verhindern wie die Rekonstruktion des Berliner Schlosses. Und mit der neuen, sich an das

---

2 Zitiert nach Hans-Peter Schwarz, Anmerkungen zu Adenauer, München 2004, S. 84; vgl. dazu auch: »Europa Vertikal. Zur Ost-West Gliederung im 19. und 20. Jahrhundert«, in: Phantomgrenzen im östlichen Europa, Band 5, herausgegeben von Rita Aldenhoff-Tübinger, Catherine Gousseff und Thomas Serrier, Göttingen 2016, S. 134.

historische Vorbild anlehnenden Frankfurter Innenstadt grassiert der Virus der Rekonstruktion nun auch im Westen. Beyers Reise ins deutsche Herz der Finsternis ist ein ernsthafter Text, der es verdient hat, als solcher gelesen zu werden. Er ist auch kein Einzelfall; er bedient sich nur der bekannten Geschichten; sie werden jetzt überall wieder erzählt.

Von dem Historiker Magnus Brechtken zum Beispiel, dem stellvertretenden Leiter des Münchner Instituts für Zeitgeschichte; auch er erklärt die politische Entwicklung im Osten mit der sattsam bekannten autoritären Tradition und der Obrigkeitsfixierung, die »über Jahrhunderte ein Wesensmerkmal deutscher politischer Kultur« gewesen sei.[3] Um die ganze Misere zu verstehen, müsse man deshalb weit in der Geschichte zurückgreifen – bis zum Westfälischen Frieden. Mit solchen Thesen ist es wie mit den Katzen; auch die haben mehr als ein Leben. Für Brechtgen beginnt – wir ahnen es schon – die ganze Misere mit Luther, der ebenfalls aus dem Osten stammt, weshalb wir es in den neuen Bundesländern mit dem verbreiteten Phänomen eines nachhängenden Deutschland-Bildes autoritärer Tradition zu tun haben, »dessen Wurzeln weit in die Zeit vor 1945 zurückreichen«.

Ob ihm nichts Besseres eingefallen sei, als den »Geschichtsmythos der alten Bundesrepublik« wie-

---

3 Magnus Brechtken, Das Selbstbild der Unberührten, in: Frankfurter Allgemeine Zeitung vom 18. Dezember 2017.

der herunterzubeten, hat der Historiker Ronald G. Asch seinem Kollegen vorgehalten. Wie könne man ernsthaft glauben, dem derzeit »schwindenden Vertrauen vieler Bürger in die Fähigkeit der Politiker« dadurch zu begegnen, dass man den Ostdeutschen bescheinige, »politisch nie über die Mentalität des späten siebzehnten Jahrhunderts hinausgekommen« zu sein?[4] Aber Brechtken befindet sich in guter Gesellschaft.

---

4 Ronald G. Asch, Das Selbstbild der Unbelehrten. Können uralte deutsche Traditionen die Erfolge der Rechten im Osten erklären? Eine Replik, in: Frankfurter Allgemeine Zeitung vom 3. Januar 2018.

Der Fahrstuhl in die Römerzeit

Es ist die alte Leier von den Zurückgebliebenen und Vergessenen, den Nichtaufgeklärten und den Ungewaschenen, welche den Anschluss an die moderne liberale Welt verpasst haben, die man jetzt wieder häufiger zu hören bekommt. Einer, der diese Leier mit besonderer Passion dreht, ist der britische Autor James Hawes. Er hat unlängst die »kürzeste Geschichte« Deutschlands geschrieben und sich dafür sehr viel Lob eingeheimst. Er hätte sie sogar noch kürzer schreiben können, denn sie besteht nur aus einer einzigen These: Der Osten hat Schuld, und er gehört nicht zum Westen!

Seit den Römern gilt die Elbe als die Grenze der zivilisierten Welt. Hier das helle Reich, das seine Bestimmung gefunden hat; dort die dunkle Zone der Untoten. Denn überall im Osten sieht Hawes nur »ein brüllendes, autoritäres Gedankengut, das man längst überwunden glaubte«. Es ist wie ein riesiger strahlender Meiler, eine Art mentales Tschernobyl, über das der Westen längst einen Sargdeckel hätte ziehen sollen.

Was wollen die Deutschen überhaupt jenseits der Elbe, die »das Ende aller vernünftigen Bestrebungen« darstellt? Warum zieht es sie immer wieder in jenes Niemandsland, das auf Dauer ein »spürbar anderer Ort« bleiben werde als »das Deutschland, das als Teil Westeuropas bereits seit tausend Jahren bestand«. Dieser Osten hat die Deutschen in verheerende Kriege verwickelt; er hat auch ihren Charakter versaut. Da sich die deutschen Siedler das Land östlich der Elbe einst mit Gewalt genommen hätten, sei dort jene abwehrend-aggressive koloniale Weltsicht entstanden, die Ostelbien immer noch prägt. Dieses kolonisierte Deutschland wuchs »mit dem Westdeutschland, das schon seit 1500 Jahren unumstritten in deutscher Hand gewesen war, einfach nicht zusammen. Ganz im Gegenteil – der Riss wurde immer deutlicher spürbar.« Das ist sozusagen der geschichtspolitische Unterbau zur Diskussion über den Osten, und er kann sich dabei auf große Namen wie Max Weber stützen.[1]

Anstatt sich freilich im heutigen Europa umzusehen und nach den Gründen zu fragen, warum durch fast jedes Land inzwischen ein tiefer gesellschaftlicher Riss verläuft, kommt Hawes lieber mit den alten geschichtspolitischen Klamotten. Die Frage nach dem Wesen der deutschen Identität ist für ihn »mit Wucht zurück«. Und das Erstaunliche dabei ist: Er findet sogar Widerhall bei einem so renommierten Historiker wie Christopher Clark, der gleichfalls von der tiefen »emotionalen Kluft zwischen dem politisch progressiven, industriellen, wirtschaftlich aktiven, urbanen und meist katho-

1 James Hawes, Die kürzeste Geschichte Deutschlands, Berlin 2017, S. 190.

lischen Westen und der asiatischen Steppe Ostelbiens« spricht.[2] Der Osten – die säkulare Störung des »großen Kontinuums in der Welt des Westens«.

Die antiborussische Fraktion würde jubeln. Könnte man Preußen teilen, so hatte Konrad Adenauer im Februar 1919 gehofft, »würde die Beherrschung Deutschlands durch ein vom Geiste des Ostens, vom Militarismus beherrschtes Preußen unmöglich gemacht«. Noch kürzer gesagt: »Ohne Ostelbien kein Führer«, so einfach ist deutsche Geschichte.

Nach den Anschlägen auf verschiedene Asylheime in Sachsen haben sich einige Kommentatoren deshalb gefragt, »ob die Sachsen nicht in Wahrheit ein anderes Volk seien« und womöglich sogar ein Säxit bevorstünde, was nichts anderes heißt, als dass sich bald wieder teilen möge, was eben doch nicht zusammengehört. Wir erinnern uns an den Tweet aus der Erzdiözese Köln.

---

2 Christopher Clark, Preußen. Aufstieg und Niedergang, zitiert nach Hawes, a. a. O., S. 190.

Einwanderer ins eigene Land

Die »Frankfurter Allgemeine Zeitung« hat zum Tag der Deutschen Einheit 2017 einen Artikel veröffentlicht mit der Überschrift: »Migranten im eigenen Land«. 17 Millionen Menschen, so der Autor, seien 1990 aus einem Land namens DDR in die Bundesrepublik gekommen, eine der größten Einwanderungswellen der Geschichte. Viele dieser ostdeutschen Migranten hätten »sich bis heute nicht integriert«. Dann listet die Zeitung auf, worin sich die neu Hinzugekommenen von denen unterschieden, »die schon länger dabei sind«. Sie seien mit ihrer Lebenssituation weniger zufrieden, neigten dafür aber häufiger »autoritären Ideen« zu und pflegten »auch kulturell die Gebräuche ihres Herkunftsstaates, teilweise in regelrechten Parallelgesellschaften«. Und diese Abschottungstendenzen nähmen in der zweiten Generation noch zu, was zeige, dass etwas schieflaufe im Integrationsprozess.

Beim ersten Lesen hält man solche Passagen für einen schlechten Scherz, doch dem Autor, Frank Bollmann, ist es todernst damit; selbst ein Wort wie »Mischehen« kommt ihm ganz locker über die Lippen. Überhaupt sei der Tag der Bundestagswahl 2017 für ihn ein »Erdoğan-Moment« gewesen. So wie viele Deutschtürken bei ihrem Verfassungsreferendum für ein »autoritäres Präsidialsystem«

gestimmt haben, so hätten sich viele Ostdeutsche gegen die liberale Demokratie und die offene Marktwirtschaft entschieden. Man kann sich allenfalls noch darüber streiten, ob man die ehemaligen DDR-Bürger als Migranten, Geflüchtete oder Schutzsuchende bezeichnen will; nach der Logik des Autors müsste man sie wohl als schnöde Wirtschaftsasylanten betrachten.

Mit seinem bemerkenswerten Versuch, die deutsche Wiedervereinigung in die Terminologie der heutigen Einwanderungsgesellschaft zu übersetzen, steht der Autor der »Frankfurter Allgemeinen Zeitung« keineswegs allein. Darüber hat sich ein veritabler Disput entwickelt, der sonderbare Blüten treibt. So werden die Ostdeutschen nach dreißig Jahren der Einheit plötzlich zu Nutznießern der neuen deutschen Willkommenskultur. Manchmal fühle sie sich »den Ossis ganz nah«, bekennt die in Kiel geborene deutsch-türkische Journalistin Özlem Topcu. Auch die türkischen Einwandererfamilien hätten wieder ganz von vorne anfangen müssen. »Alles, was sie bis zu ihrer Ankunft in Deutschland zu wissen glaubten, war nicht mehr viel wert.«[1] Die Freiheitsgeschichte der Ostdeutschen verwandelt sich in die Zumutungsgeschichte der Einheit.

»Sehr viele Erfahrungen, die Ostdeutsche machen«, sagt die Migrationsforscherin Naika Foroutan,

---

1 Özlem Topcu, Wir mussten die Wessis einholen. Ein Kommentar, in: Die Zeit vom 3. Oktober 2015.

»ähneln den Erfahrungen von migrantischen Personen in diesem Land. Dazu gehören Heimatverlust, vergangene Sehnsuchtsorte, Fremdheitsgefühle und Abwertungserfahrungen.«[2] Das »Deutsche Institut für Migration und Integrationsforschung« (DeZIM) hat in einer großangelegten Studie unter ihrer Leitung die gesellschaftliche Ausgrenzung der Ostdeutschen untersucht und sie mit der Situation muslimischer Einwanderer verglichen. Das Ergebnis wurde jetzt unter dem Titel »Ost-Migrantische Analogien« der Öffentlichkeit übergeben. Dabei zeigen sich nicht nur vergleichbare soziale Benachteiligungen, sondern auch entsprechende Vorurteile und Klischees: die Stilisierung als Opfer, der Hang zum Extremismus; beide Gruppen gelten als demokratieunwillig und schwer integrierbar. Ganz offensichtlich, schreibt Nelli Tügel im »Freitag«, gebe es »in Deutschland eine tiefe Sehnsucht danach, neue, eigene Worte für das zu finden, was 1989 im Osten geschehen ist. Dafür beispielsweise, was es heißt, von außen zum ›Ossi‹ gemacht zu werden.« Das sei »keineswegs eine selbstgewählte Bezeichnung«. Kommt jetzt, fragt die Autorin, »eine Welle ostdeutscher Anerkennungskämpfe«?

Nicht zufällig fällt das Erscheinen dieser Studie mit den heftigen Diskussionen im Wahljahr 2019 zusammen, der Lebensleistung der Ostdeutschen

---

2 Naika Foroutan, Ostdeutsche sind auch Migranten, in: Die Tageszeitung vom 13. Mai 2018.

endlich Rechnung zu tragen. »Dass sich der Osten 30 Jahre nach dem Fall der Mauer seine Geschichte und Gegenwart neu aneignet und dies mithilfe der Geschichte und Gegenwart der Migranten im Westen tut«, das sei, meint Tügel, »eine Chance«.[3]

Man täte der Studie Unrecht, wenn man ihr die unterschiedslose Gleichsetzung von Ostdeutschen und islamischen Migranten unterstellen würde. Doch die Unterschiede verschwimmen. Zwei einander ähnliche Opfergruppen fordern nach dieser Logik ihre Integration. Da die Geschichte aber eine unbotmäßige Gesellin ist, entzünden sich, wie wir sehen werden, genau an dieser Frage auch die nächsten Konflikte. Wollen die Ostdeutschen überhaupt noch ihre vollständige Integration, oder beginnen sie nicht – um in der Terminologie zu bleiben – neuerdings über eine eigene Parallelgesellschaft nachzudenken? Die Schriftstellerin Jana Hensel fragt Naika Foroutan, ob sie sich von der »Leitidee der Deutschen Einheit«, dem Zusammenwachsen der beiden Staaten, verabschieden würde. Die Antwort fällt überraschend aus: »Das Ethnische«, beharrt Foroutan, »hält Gesellschaften zusammen.«[4]

---

3 Nelli Tügel, Critical Westness. Dreißig Jahre nach der Wende werden die Erfahrungen Ostdeutscher sichtbar: ausgerechnet durch den Vergleich mit Migranten, in: Der Freitag vom 5. April 2019.

4 Jana Hensel, Das nennt man Emanzipation, Interview mit Naika Foroutan, in: Die Zeit vom 1. April 2019.

Mit ihrem erfolgreichen Buch »Integriert doch erst einmal uns« spielt die sächsische Integrationsministerin Petra Köpping genau auf dieser Klaviatur. Es ist eine Streitschrift für das Selbstbewusstsein im Osten geworden, aber auch das Lied einer in die Jahre gekommenen Beitrittsgeneration. Köpping zieht ihre Bilanz. Die fällt erwartungsgemäß deprimierend aus. Immer wieder ist von den Enttäuschungen und Verletzungen die Rede, von den Entbehrungen und der Missachtung dieser zweiten Trümmergeneration der jüngsten deutschen Geschichte. Ich kenne wenige Ostdeutsche, die das so offen und ohne Umschweife aussprechen wie Köpping. Darin liegt die unbestreitbare Stärke ihres Buches; es liest sich wie eine Kollektivbiographie. Hier äußert sich die Nachwendegeneration selbst, die einen himmelstürzenden Umbruch zu verkraften hatte und anschließend den Schrott der alten DDR wegräumen musste.

Das ist dieser Generation auf bewundernswerte Weise gelungen. Aber freuen kann sie sich nicht. Die Wunden sind alle noch offen, und nur die Verbände wurden gewechselt. Vom kulturellen Trauma spricht die Sozialpsychologie, vom Gefühl, eine dramatische Veränderung zu erleben und die Kontrolle darüber verloren zu haben.[5]

---

5 Vgl. dazu Jeffrey Alexander, Trauma: A Social Theory, Cambridge 2012.

Natürlich fängt Petra Köpping, wie es sich für eine gute Politikerin gehört, die Vorwürfe schnell wieder ein, aber ihre Botschaft bleibt trotzdem klar: Die Ostdeutschen fühlen sich bis heute nicht angenommen, und Schuld daran hat der Westen. Man muss die Beispiele nicht im Einzelnen prüfen, die kollektiven Verletzungen sind deutlich genug. Es kommen eben in diesen Jahren die Lebensgeschichten nach oben, die man sich lange nur im kleinen Kreis anvertraut hat. Aber etwas hat sich verändert: Der Ruf nach Integration ist nicht mehr automatisch der Ruf nach der Einheit. Dazwischen liegt eine dreißigjährige Anschlusserfahrung. Man war Teil dieser Bundesrepublik geworden, hat sich ihr aber nie zugehörig gefühlt. »Bleiben wir Ossis«, ruft Köpping ihren Landsleuten zu.

Aber eigentlich ist das der Schnee von gestern.

Die Erfindung der Ostdeutschen

NICHT wie man Ostdeutscher bleibt, sondern wie man es geworden ist, heißt das Thema von heute. Am Tag, an dem man ihn zum Migranten erklärt habe, sagt der in Staßfurt geborene Schriftsteller Klaus-Rüdiger Mai, an diesem Tag sei er zum Ostdeutschen geworden. »Ich gebe zu«, schrieb er in der »Neuen Zürcher Zeitung«, »es traf mich unvermittelt, und etwas zerbrach in mir, eine Illusion, die Illusion, dass sich das Vaterland und die Heimat nicht in einer politischen Meinung erschöpfen, dass diese Begriffe noch einen tieferen Sinn besitzen – offenbar nicht.«[1]

Der Theologe Richard Schröder, SPD-Fraktionschef in der letzten Volkskammer und einer der besonnenen Väter der Einheit, spricht ganz offen von diesem »Volk der Ostdeutschen« und wie es nach der deutschen Vereinigung entstanden sei. Zu DDR-Zeiten hat es überhaupt keine Ostdeutschen gegeben. Niemals, sagt Mai, habe er sich als solcher gesehen; »nicht in der DDR, nicht während der Montagsdemos, auch nicht in den siebenundzwanzig Jahren danach, sondern mich immer als Deutscher gefühlt, weil ich fest verankert bin in

---

1 Klaus-Rüdiger Mai, Der Tag, an dem ich Ostdeutscher wurde, in: Neue Zürcher Zeitung vom 31. Januar 2018.

der deutschen Kultur.« Es waren die Aufsässigen, die Oppositionellen, die Subversiven, die sich nicht mit der Teilung abfinden wollten. Die anderen, die linientreuen DDR-Bürger, glaubten dagegen an die These von den zwei Nationen auf deutschem Boden, die sich »wie Feuer und Wasser« verhielten.[2] Aber das war tatsächlich die Minderheit.

Die Ostdeutschen sind mit der Wende entstanden. Es war eine Ethnogenese aus Scham, aus Vorurteil und aus Trotz. Wir erleben gerade, wie im Osten ein neues Selbstbild entsteht; und wir erleben, wie der Westen darüber erschrickt: über diesen »inneren Orient«, den er sich da ins Haus geholt hat, der so schrecklich »homogen« ist, so »bedrohlich« und so »faszinierend« zugleich, schreibt Jens Bisky in der »Süddeutschen Zeitung«. Die »Pathologisierung des Ostens dürfte so schnell nicht enden«, prognostiziert er. Womit er recht haben wird.[3]

Wir beobachten in diesen Jahren, wie Ost und West sich als getrennte »Erinnerungsgemeinschaften« rekonstruieren. Das beeinflusst Denken und Fühlen viel mehr. Eine Gesellschaft, der in dieser Weise der Boden unter den Füßen weggezogen wurde, wie das 1990 geschah, braucht eine eigene Erzählung; das kann man in allen postkommunistischen Ländern sehen. Doch für den Sonderfall

---

2 Richard Schröder, Die Erfindung des Ostdeutschen, in: Frankfurter Allgemeine Zeitung vom 3. Oktober 2018.

3 Jens Bisky, Problem, geh doch nach drüben! in: Süddeutsche Zeitung vom 12. Februar 2019.

DDR gab es kein vergleichbares Dispositiv, weder ein gesellschaftliches noch ein ethnisches, wie es die Ungarn, die Polen, die baltischen Staaten besitzen. Die DDR war dem eigenen Volk beigetreten. Nur diese Erfahrung stand kollektiv zur Verfügung. Daraus ist eine neue Erfahrungsgemeinschaft geworden. Sie wird inzwischen offensiv formuliert. Das ist die Geburtsstunde der Ostdeutschen.

Der bulgarische Politikwissenschaftler Ivan Krastev hat auf den exemplarischen Fall der Schriftstellerin Christa Wolf hingewiesen, die anfangs der neunziger Jahre nach Los Angeles reist und darüber nachdenkt, was es heißt, Ostdeutsche zu sein. Sie besucht – Klischees sind nun einmal unverwüstlich – einen Indianerstamm und fühlt sich plötzlich selbst als »Repräsentantin einer untergegangenen Kultur, einer verschwundenen Identität«.[4] Als Figur des Verschwindens kann Christa Wolf nur noch vom Scheitern der DDR erzählen, die »Geschichte eines totalen Versagens«. Die möchte heute niemand mehr hören. Ginge es den Ostdeutschen nur um Nostalgie, sagt Krastev, dann »hätten sie weiterhin Die Linke wählen können«. So aber wählen sie die Partei, die ihnen ein neues Selbstwertgefühl gibt.

Der Erfolg der AfD sei die »bisher größte Emanzipationsleistung der Ostdeutschen«, konstatiert

---

4 Ivan Krastev, Wie ein osteuropäischer Politikexperte die Unzufriedenheit der Ostdeutschen erklärt, Interview in: Der Spiegel vom 19. Januar 2018.

kühl die Leipziger Schriftstellerin Jana Hensel. Die Bundestagswahl 2017 könnte im Rückblick das »Ende der Nachwendezeit« bedeuten. Sie äußert diese Einschätzung in einem langen Gespräch mit dem Soziologen Wolfgang Engler über ihre gemeinsamen Erfahrungen, »ostdeutsch« zu sein.[5] Es ist das bei aller Einseitigkeit am meisten erhellende Buch zu dieser Thematik. Hensel und Engler entwerfen eine Erzählung der Ostdeutschen, die sich fast ausschließlich aus den Erlebnissen der Nachwendezeit rekrutiert. Der Ostdeutsche ist das Produkt seiner Demütigung. Alle anderen gesellschaftlichen und historischen Umstände verschwinden dahinter. Auch wenn Engler gelegentlich noch an die Restbestände der alten DDR erinnert, so wird dieser Ostdeutsche als radikal gegenwärtig entworfen. »Die ostdeutschen Erfahrungen beginnen eben im Jahr 1989.« Aus der Zeit davor lässt sich nichts mehr herleiten.

So entsteht eine soziologische Kunstgestalt, der Jana Hensel alltägliche Züge verleiht. Eigentlich sind diese Ostdeutschen sogar die »schlaueren Menschen«. Ihre Erfahrungsgemeinschaft ist radikal gegenwärtig; Sie brauchen keine älteren Erinnerungen mehr, besitzen keine langen Traditionen, und eine richtige Heimat haben sie auch nicht. Sie sind wahrhaftig zu Migranten geworden. Sie sind

5 Wolfgang Engler, Jana Hensel, Wer wir sind: die Erfahrung ostdeutsch zu sein, Berlin 2018.

Fremde im eigenen Land. »Es war dort oft so eine Einsamkeit zu spüren, die größer war als nur eine individuelle. Es war eine gesellschaftliche Einsamkeit und ein Verlorensein, die allgegenwärtig waren und ihren Ausdruck vor allem in den leeren Landschaften abseits der größeren Städte fanden, in denen die Menschen oft wirklich die Rolle von Statisten spielen.«

Freiheit eines Christenmenschen

Ich bin viele Jahre durch solche entleerten Landschaften gefahren. Perforiert nennt man sie heute, doch das alte Wort von den Wüstungen trifft es besser. Die Jungen gehen weg und die Orte verdämmern. Aber das ist kein Phänomen, das sich nur in Ostdeutschland beobachten lässt. Dort fällt es nur besonders auf, weil die brutalen Strukturen, die der Sozialismus dem Land aufgedrückt hat, schneller und würdeloser verfallen: Marode Stallanlagen, leere Verkaufshallen, rostende Bushaltestellen sind die Gehäuse einer abgelaufenen Lebensform, die keiner mehr haben will. Doch sie dominieren das Bild heute nicht mehr. Viele Orte sind wieder ansehnlich geworden, auch wenn immer weniger Menschen in ihnen wohnen. Die Gesellschaft, die dort einmal zu Hause war, existiert nicht mehr, die sozialistische so wenig wie die bürgerliche. Es gibt Gegenden, in denen einen das Gefühl der Einsamkeit übermannt, und andere, die das Leben behalten. Was vergessen wird: Die DDR hat ihr Land mit Gewalt gegen den Strich zu bürsten versucht. Das lässt sich in einer Generation nicht heilen.

Ich habe vor einiger Zeit den Unternehmer Wulf Bennert besucht in seiner Mühle nahe Weimar.

Ringsherum gibt es da nichts, nur Feld, Wälder und Wiesen. Am Horizont kann man Buchenwald sehen. Wulf Bennert war immer ein freier Mann gewesen, und das ist er bis heute geblieben. Zu DDR-Zeiten hat er einfach nicht mitgemacht; ging statt dessen klettern. Im Pamir-Gebirge und durch den Altai. Daraus ist seine Geschäftsidee entstanden. Sein Unternehmen für Bauwerksicherung und Restaurierung wurde nach der Wende das größte in Deutschland. »Wir waren ja Bergsteiger«, sagt er, »und wir haben uns abgeseilt. Wir brauchten keine teuren Gerüste. Wir hatten uns selbst.«

Mehr als 3000 Baudenkmale hat Bennert auf diese Weise gerettet und über hundert Kirchen saniert. Sein Leben ist zu einer Erfolgsgeschichte der deutschen Einheit geworden; er hat dafür das Bundesverdienstkreuz bekommen. Dass so viele Ostdeutsche heute AfD wählen, ist für ihn ein Ausdruck von Freiheit. »Wir Ostdeutschen haben gelernt, der Politik zu misstrauen«, sagt Bennert; »unsere Distanz zu ihr ist größer als bei den Leuten im Westen.«

Man hört dieses Argument häufig, die Ostdeutschen hätten ihre Diktaturerfahrung mit in die Einheit gebracht. Das verträgt sich nicht mit der gängigen Meinung, dass es im Osten ein Demokratiedefizit gäbe und einen nachhängenden autoritären Charakter. Für den in den Vereinigten Staaten lehrenden Politikwissenschaftler Torben Lütjen steht der Rechtspopulismus auch nicht in der autoritären Tradition, nicht einmal der im

Osten.[1] Der Rechtspopulismus sei vielmehr Ausdruck von radikalen Selbstermächtigungsphantasien, wie sie in nahezu allen postmodernen Gesellschaften in Erscheinung treten. Der mündige, der nicht autoritätsgläubige Bürger durchschaut das System. Das entspricht der in Ostdeutschland weitverbreiteten Wahrnehmung, es im Falle der liberalen Gesellschaft auch nur mit einem anderen »System« zu tun zu haben. Auch ihm muss man misstrauen, nicht weniger als dem alten. Die Rechtspopulisten von heute haben kein Verlangen nach Gemeinschaft. Sie suchen radikale Selbstevokation und verfechten einen »autoritären Individualismus«, wie das der französische Soziologe Daniel Bensaïd beobachtet hat. Diese Rechtspopulisten sind Teil einer postmodernen »Gesellschaft der Singularitäten« (Andreas Reckwitz) und nicht »deren regressiver Gegenentwurf«. Man könnte sogar sagen: Der Rechtspopulismus ist eine postmoderne Anti-Postmoderne-Bewegung, so wie der Nationalsozialismus einst eine moderne Anti-Moderne-Bewegung war.

Ich habe in den neuen Ländern immer wieder Menschen vom Schlage Wulf Bennerts getroffen, radikal selbstbewusst und strikt autonom. Sie hatten sich schon dem alten Kollektiv entzogen; ein neues wollen sie nicht. Bennerts Mühle besitzt einen eige-

---

1 Torben Lütjen, Populismus oder die entgleiste Aufklärung, in: Frankfurter Allgemeine Zeitung vom 15. Januar 2019.

nen Brunnen, er hat ihn selbst saniert; im Brunnenhaus steht das Notstromaggregat. Es springt sofort an. »Ich möchte unabhängig sein«, sagt Wulf Bennert. Das ist sein Lebensprinzip.

The Preuss of Germany

BALD nach der Maueröffnung ist mir auch Torsten Preuß begegnet, »The Preuss of Germany«, wie er seinen Blog später nannte. Alexander Osang hat ihn im »Spiegel« wundervoll porträtiert, aber da war er schon bei der AfD. Preuß, der DDR-Dissident, der Punk, der Reporter und Surfer. Was treibt so einen Menschen, fragt sich der »Spiegel«, zu den Rechtspopulisten, zu Pegida?

Preuß kam in einer Winternacht kurz vor der letzten Volkskammerwahl plötzlich zur Tür herein. Wir saßen in der Wachstube der Stasi-Zentrale in Erfurt, der ersten, die von den Bürgerrechtlern gestürmt worden war. Eine Bürgerwache wollte verhindern, dass die Stasi heimlich weiter Akten verkollert. Man hörte sie jede Nacht in den Kellern rumoren. Preuß schienen alle zu kennen. Windjacke, Rucksack, schlaksig und blond. Ein Handlungsreisender in Sachen Revolution. Wenn man ihn kannte, kannte man auch die anderen. In dieser Bürgerbewegung ging vieles von Hand zu Hand. Ich habe Preuß später beim Fernsehmagazin »Kennzeichen D« wiedergetroffen. Da war er in Berlin schon ein beachteter Journalist; er galt als »authentisch«. Dann habe ich ihn aus den Augen verloren. Er war nach Australien gegangen, wie ich später erfuhr. Erst im »Spiegel« habe ich wieder von ihm gelesen, Osang ist ihm in Dresden begegnet. »All das Unergründliche der Pegida-Demonstrationen, wo Israelfahnen neben Reichskriegsflaggen wehen, steckt auch in Preuß. Die Romantik und die Angst, das Bedrohliche und das Lächerliche, das Linke und das Rechte, der Kleinmut und der Großmut.« Wer will das im alten Westen verstehen?

Für Preuß sind heute die Fronten geklärt: »Während die westdeutsche Seele so selbstgerecht geblieben ist, wie sie immer war, wurde die ostdeutsche so selbstbewusst, wie sie noch nie war. Und dass sie damit nicht mehr ganz alleine steht, haben die letzten Wahlen auch dem letzten deutlich gezeigt.«[1]

---

1 Torsten Preuß, in: Tichys Einblick vom 3. Oktober 2017.

Treuhand-Blues

Ich habe die Monate des Übergangs nach dem Mauerfall, jene eigentümliche Zwischenzeit, in der die alte Ordnung zerfiel und die neue noch nicht entstanden war, im Süden der DDR miterlebt. Wir schauten damals unruhig nach Berlin, weil wir den Eindruck hatten, dass die Blockierer und Bremser in der Volkskammer säßen. Die Zeit war nervös, die Auflösungserscheinungen unübersehbar geworden. Der Vorwurf, der gerne aus der Rückschau erhoben wird, dass man überstürzt und ohne Plan gehandelt habe, ist nicht falsch. Aber er geht an der Situation von damals vorbei.

Auf einer innerstädtischen Brache in Erfurt war bald nach der Währungsunion ein wilder Parkplatz entstanden. Man nutzte ihn, obwohl er keinen vertrauenerweckenden Anblick bot. Bis eine Gruppe von Jugendlichen den Ordnungsdienst in die eigene Hand nahm. Pauschal eine D-Mark kostete die Bewachung; dann konnte man ruhigen Gewissens seinen Geschäften nachgehen. Ich sehe heute noch die selbstbewussten Gesichter dieser frühreifen Sheriffs. Sie hatten die Marktwirtschaft schneller begriffen als ihre Väter, und mit ihrem Vorsprung traten sie auch zu Hause auf.

Das Tempo der Veränderung war rasend schnell geworden.

Wenn Richard Schröder in der Rückschau über die schwierige Wiedervereinigung schreibt, dann spürt man immer noch das besondere Gefühl jener Jahre. Es ist der besonnene Blick eines Zeitzeugen, der weiß, dass alles hätte auch schlimmer kommen können. In kalten Kirchen zu beten, während draußen die bewaffnete Staatsmacht wartet – allein die Erinnerung daran macht vieles noch immer wett.

Doch nach drei Jahrzehnten kommen auch die alltäglichen Bilder zurück, man hat das Erinnerungsoptimismus genannt: der Ferienplatz im Thüringer Wald, die Ungarnfahrt im Trabant; die legendären Studentenclubs und der freie Blick vom Kap Arkona über die Ostsee. Was man nicht vergessen sollte, ist die alte Arbeiterwelt. Wolfgang Engler hat für sie das schöne Wort von der »arbeiterlichen Gesellschaft« geprägt. Sie war nicht nur vom Staatssozialismus bestimmt, sondern auch von »Basteln, Tüfteln, Improvisieren«. Auf den alten Schwarzweißfotos kann man sie sehen: die rußgeschwärzten Gesichter, die Werktätigen bei der Frühstückspause, die Stullendosen in der ölverschmierten Hand.

Mein Pförtner im Funkhaus in Halle hat mir manchmal davon erzählt. Er war Kesselschmied in Leuna gewesen und arbeitete jetzt für eine Sicherheitsfirma zum Mindestlohn. Als ich ihm sagte, ich würde wieder in meine alte Heimat fahren, dorthin, wo ich meine Kindheit verbracht habe, antwortete er mir mit dem denkwürdigen Satz: Das könne er nicht: »Meine Heimat gibt es nicht mehr.« Das war nicht anklagend gemeint und auch nicht vorwurfsvoll. Er stellte es einfach nur fest. Aber mir wurde deutlich, was es heißt, wenn ein Land wegsaniert wird. Zum Abschied schenkte er mir eine Flasche Saalewein. »Aus der Heimat«, meinte er augenzwinkernd.

Die Streitschrift von Petra Köpping kreist unentwegt um dieses Thema, um die Verluste und Brüche, die Demütigungen und Verletzungen. Sie nehmen plötzlich wieder einen Raum ein und sind präsent, als hätte es die Jahrzehnte des Aufbaus gar nicht gegeben. Es ist wie ein unendliches Selbstgespräch der Wendegeneration mit sich. Es geht um Gerechtigkeit. Am liebsten hätte man ein Gerechtigkeitskomitee.

Im Mittelpunkt aller Vorwürfe steht die Treuhandanstalt; sie ist zum großen Sündenfall der Einheit geworden. Dabei war sie doch nur eine überforderte und schlecht geführte Behörde, die ihre Altlasten so schnell wie möglich vom Tisch kriegen wollte. Dahinter eine politische Absicht zur Deindustrialisierung des Ostens vermuten zu wollen, ist absurd, zeigt aber das tiefe gesellschaftliche Misstrauen, das zu den schlimmsten Hinterlassenschaften der DDR gehört. Die Treuhand tritt in der Wahrnehmung fast an die Stelle der Stasi. Auch die wurde zum Grund allen Übels erklärt, obwohl sie doch lediglich ein Werkzeug der SED-Kader war.

Der ehemalige Ostbeauftragte der Bundesregierung, Rolf Schwanitz, hat sich in die Debatte eingemischt und daran erinnert, in welchem Zustand die DDR-Wirtschaft kurz vor dem Ende war: der technologische Rückstand, die wachsenden Schulden und eine monströse »Subventionitis«, die Probleme wuchsen der DDR-Führung längst über den Kopf. »Bitterböse Geschichten machten die Runde« – wie jene vom Kleingärtner, der sein Kaninchen an die HO-Kaufhalle für sechzig Mark verkaufte, um es dann im Laden selbst für 15 Mark zurückzuerwerben. Mehr als 50 Milliarden Mark musste die DDR am Ende der achtziger Jahre für ihren ökonomischen Schwachsinn aufwenden. Schwanitz räumt auch mit der Legende auf, die Übertragung des Volkseigentums auf die DDR-Bürger wäre der bessere Weg gewesen. Am Ende hätte jeder Ostdeutsche mit einem Schuldenberg dagestanden. So wurde der Erblastentilgungsfonds gesamtdeutsch von allen Steuerzahlern getragen.[1]

Die Treuhand war Mittel zum Zweck. Und ihr eigentlicher Zweck war es, der Politik die wirtschaftliche Konkursmasse der DDR vom Leibe zu halten. Dass man diese Behörde sich weitestgehend selbst überließ, war einer der großen Steuerungsfehler der Einheit. Die Folgen kann man noch heute sehen, volkswirtschaftlich genauso wie psychologisch. Es ist symptomatisch für die Stimmung im Osten, dass die Politik dieses Thema jetzt wiederentdeckt. Es

---

1 Rolf Schwanitz, Die Treuhand war nicht schuld, in: Frankfurter Allgemeine Sonntagszeitung vom 3. März 2019.

geht schließlich um Wahlen. Die Treuhand hat sich vom »kurzfristigen vereinigungspolitischen Blitzableiter« zu einer mentalen Bad Bank entwickelt, in die viele Ostdeutsche ihre weitgehend unverarbeiteten Umbruchserfahrungen auslagern konnten.[2] Sie ist »zum negativen Gründungsmythos Ostdeutschlands«, zu einem dunklen Erinnerungsort geworden; er steht neben dem hellen, neben der Friedlichen Revolution. Aber warum kommt diese Debatte heute? Warum fast dreißig Jahre danach? Man hört wieder die alten Thesen vom neoliberalen Kahlschlag in Europa. Sie müssen wieder für den Glaubwürdigkeitsverlust des westlichen Demokratiemodells herhalten. Aber häufig sind es gar nicht die Wendeverlierer von einst, die zum liberalen Westen auf Distanz gehen, sondern erfolgreiche Menschen von heute.

2 Constantin Goschler, Marcus Böick, Wahrnehmung und Bewertung der Treuhandanstalt. Studie im Auftrag des Bundesministeriums für Wirtschaft und Energie, Bochum 2017, zitiert nach Köpping, a.a.O., S. 18; vgl. auch Marcus Böick, Die Treuhand. Idee – Praxis – Erfahrung 1990–1994, Göttingen 2018.

Kein Akt der Verzweiflung

Die Ära des Nachtrauerns geht tatsächlich zu Ende. Der stille Protest ist lautstark geworden. Bei den letzten Wahlen im Osten, schreibt die Dresdner Journalistin Anne Hähnig in der »ZEIT im Osten«, habe sich nicht mehr der »alte Jammerossi« und Wendeverlierer gezeigt. Die Bundestagswahl 2017 sei »kein Akt der Verzweiflung« gewesen, sondern einer der »gefühlten Emanzipation«. Aus dem leisen Jammern früherer Tage wird lauter Protest, und die so Protestierenden »hätten die Demokratie sehr wohl verstanden«.

Jens Bisky formuliert es in der »Süddeutschen Zeitung« noch drastischer: Pegida und die AfD hätten den neuen Ländern »ein neues Selbstbild geboten, das des wieder einmal besseren, weil patriotischen Deutschlands«. Für Klaus-Rüdiger Mai entwickelt sich Ostdeutschland sogar zu einer »landgewordenen Provokation, zum Gegenentwurf gentrifizierter Hochburgen des westdeutschen Juste-Milieus«.

Dass der Protest heute von rechts kommt, sieht Jana Hensel als Zeitenwende. Die Linkspartei stehe für die Bewältigung der DDR-Biographen, die AfD für die Nachwende-Erfahrung. Ihr Erfolg in den neuen Ländern »findet seine so gut wie vollständige Erklärung in den Erfahrungen, die sie nach 1990 sammelten, und eben nicht im Rekurs auf ihren vermeintlich obrigkeitsstaatlichen, führerorientierten DDR-Habitus«.

Das deckt sich mit der Sichtweise des Politikwissenschaftlers Lütjen. Für beide geht es um die »genaue Unterscheidung zwischen der DDR-Erfahrung und der ostdeutschen Erfahrung«. Das eine lasse sich nicht blind vom anderen ableiten, dafür seien die beiden Räume »grundsätzlich zu verschieden«. Die ostdeutsche Gesellschaft, darin besteht der Paradigmenwechsel, ist eben keine nachholende Gesellschaft mehr, sondern »eine auf ihre Art ausdifferenzierte Gesellschaft«, freilich anders ausdifferenziert als die westdeutsche. Das würde aber bedeuten, dass die beiden Teile des Landes nicht weiter zusammenwachsen; dass sie sich eher wieder voneinander entfernen.

Nach drei Jahrzehnten Einheit ist das eine gewagte Bilanz. Die schroffe Art, um nicht zu sagen: Ablehnung, mit der sich die beiden Diskurse im Osten wie Westen plötzlich wieder gegenüberstehen, lässt sich freilich nicht übersehen. Nicht das Verbindende wird betont, sondern das Trennende, wobei man den Verdacht haben muss, dass es weniger um die sozialen Realitäten und Wertorientierungen geht als um »ideologisch aufgeladene Selbstbilder, denen die Abgrenzung zum Anderen inhärent ist«.[1]

---

1 Jan Kusber, Die Kontinuität der Fremdheit. Russland als das »Andere« in historischer Perspektive, in: Osteuropa, Heft 2–3, 2013.

Der Vorwurf, der dem Westen so häufig gemacht wird, das spezifisch Andere des Ostdeutschen überhaupt erst zu konstruieren, kehrt sich um. Die eigene Differenz wird bedeutend; man will sich nicht mehr am Maßstab des Westens messen lassen. Aus »Ostdeutschen an sich«, so Wolfgang Engler etwas verklausuliert, werden »Ostdeutsche für sich«.

Dafür nimmt man offensichtlich in Kauf, dass sich dieses neue Selbstbewusstsein in Form eines manifesten Rechtspopulismus artikuliert. Um sichtbar zu werden, meint Jana Hensel, »brauchte der Osten offensichtlich die Verschiebung von links nach rechts«.[2] Pegida sei keine Verliererbewegung; sie sei im Gegensatz zu der Linken die erste »erfolgreiche Ost-West-Partei«. Die PDS und selbst noch die Linke waren als Auffangbecken der alten Eliten ohnehin ein Sonderfall in der postkommunistischen Welt. Nur in der DDR hatte mit den Westdeutschen eine Art Elitenwechsel stattgefunden, der den alten Nomenklaturkadern den Weg in die neue Parteienlandschaft erschwerte. Das erklärt auch, warum die Linke nie wirklich aus ihrer ostdeutschen Ecke herausgekommen ist. Sie blieb in mehrfacher Hinsicht eine regionale Partei. Die AfD hingegen ist Teil einer populistischen Stimmung, die ganz Europa erfasst hat. Das macht sie auch so bedrohlich.

---

2 Wolfgang Engler, Jana Hensel, a. a. O., S. 253.

Die besseren Deutschen

Es ist kein Zufall, dass sich dieser Stimmungsumschlag in der Person des Schriftstellers Uwe Tellkamp am schärfsten fokussiert hat. Der allgefällige Biograph des Endes der alten DDR wird plötzlich zum ostdeutschen Streiter. Sein Beobachter Simon Strauß wundert sich zwar, »dass knapp dreißig Jahre nach dem Fall der Berliner Mauer die patriotische Rede eines konservativen Autors damit auskommt, von Deutschland zu reden, ohne sich positiv auf das ganze Land und die geglückte Wiedervereinigung zu beziehen«[1]. Aber das ist ja gerade der Clou. Bei Tellkamp wird das »Ostdeutsche« zur entscheidenden Identitätskategorie; aber nicht im Rückgriff auf die alten DDR-Biographien und auch nicht durch das Trauma der Nachwendezeit, sondern mit dem offensiven Anspruch, das »eigentliche Deutsche zu verkörpern« gegenüber einem Westen, der sich längst auf den postnationalen Weg begeben hat. Der Ostdeutsche, assistiert Klaus-Rüdiger Mai, »besteht auf der Existenz Deutschlands«. Es käme ihm nicht in den Sinn, die-

---

1 Simon Strauß, Ist die Mauer wieder da? In: Frankfurter Allgemeine Zeitung vom 12. März 2018; vgl. auch Stefan Locke, In einem freien Land, in: Frankfurter Allgemeine Zeitung vom 17. März 2018.

ses Deutschland aufzugeben, schließlich habe er »für die Trennung gebüßt«.

Plötzlich wird eine stillschweigend getroffene Vereinbarung aufgekündigt, die als selbstverständlich galt und drei Jahrzehnte lang die Grundlage der Einheit bildete: der Alleinvertretungsanspruch der Bundesrepublik auf die deutsche Geschichte. Nicht mehr der Westen repräsentiert jetzt diese deutsche Geschichte, zum eigentlichen Hüter der Erinnerungskultur wird der Osten. Das macht die beiläufige Bemerkung Ivan Krastevs verständlich, dass »die Ostdeutschen in ihrem politischen Denken und Wahlverhalten den Polen näher sind als den Westdeutschen«.

Die ehemalige Dresdner Grünen-Politikerin Antje Hermenau spricht inzwischen offen aus, warum sie Westeuropa nicht mehr für ihre Zukunft hält. Sachsen sei den Visegrád-Staaten sehr viel näher, als man im Westen für möglich hält, seine Geschichte sei eingebettet in das östliche Mitteleuropa. »Auch das begründet Eigenarten.«[2] Sachsens Landtagspräsident Matthias Rößler hat ein »Forum Mitteleuropa« ins Leben gerufen, auf dem Politiker der Visegrád-Staaten mit Vertretern Österreichs und Sachsens über die Spaltung der Europäischen Union debattieren. »Dass die Ostdeutschen den Polen, Tschechen, Ungarn in vielem ähneln«, schreibt

---

2 Antje Hermenau, Ansichten aus der Mitte Europas. Wie Sachsen die Welt sehen, Leipzig 2019, S. 9.

Martin Machowecz in der »ZEIT im Osten«, das sei »eine Erklärung für manches deutsch-deutsche Missverständnis«.

Diese östlichen Mitteleuropäer, so Hermenau, hätten ihre Eigenarten immer verteidigt. »Unser Lebenssinn hier ist der Erhalt und die Würdigung dessen, was Europa nach zwei Jahrtausenden ausmacht.« Vollmundiger bekommt man das von Pegida auch nicht zu hören. Nicht der Osten scheint auf dem Holzweg zu sein, sondern der Westen. Man könne doch beobachten, trumpft Hermenau auf, wie Westdeutschland zur Enklave werde, in der andere Sichtweisen herrschten als im Rest von Europa. Mitteleuropa finde hingegen zu seiner alten Bedeutung zurück. »Es macht sich daran, der dynamische Kern zur Erneuerung der Europäischen Union zu werden, indem es mit der alten EU, wie sie nach dem Kalten Krieg aufgebaut wurde, bricht.« So klingt die Spaltung Europas.

Am Abend nach den Ausschreitungen von Chemnitz sitze ich mit Dresdner Freunden zusammen. Wir kennen uns lange und sprechen über die aggressive Stimmung im Land. Lauter besonnene Leute, die ihren Weg nach der Wende gemacht haben. Keine Wut, keine Tiraden, keine »bürgerlich-beleidigte Krawalligkeit«. Typische Vertreter des Dresdner »Refugiumbürgertums« eben, wie der Kultursoziologe Karl-Siegbert Rehberg sie einmal genannt hat. »Wir wollen das nicht mehr«, ist der in seiner Unbestimmtheit mächtigste Satz, der mir von diesem Abend in Erinnerung geblieben ist. Er gilt der Politik in Berlin genauso wie den abschätzigen Kommentaren über ihre Stadt. In Dresden, erklärt der aus Rom zum Dolmetschen eingeflogene Dichter Durs Grünbein, »lebte man in einer der letzten Nischen Deutschlands«. Jetzt wachse die Nische, meint der Kommentator, den die Krawalligkeit stört. Die Sachsen hätten sich in ihren Schildkrötenpanzer zurückgezogen, sagt Landtagspräsident Rößler; so haben sie auch die DDR überlebt.

Ich denke darüber nach, ob die Studie der Friedrich-Ebert-Stiftung über die »Verlorene Mitte« in Deutschland solche Leute meint. Es geht den Autoren offenbar gar nicht um die 2,4 Prozent manifester Rechtsradikaler als vielmehr um die bürgerliche Mehrheit, die es zu pathologisieren gilt. Einen verantwortungslosen Umgang mit den eigenen Zahlen hat Sigmar Gabriel diesen Versuch genannt und darauf hingewiesen, dass die überragende Mehrzahl der Deutschen in Ost wie in West hinter der demokratischen Regierungsform steht. Das muss sich die Studie am Ende selbst eingestehen, auch wenn sie über weite Teile ein anderes Bild zu zeichnen versucht. Bemerkenswert ist der logische Zirkelschluss. Weil sich viele Kritiker der Flüchtlingspolitik und auch all jene, die sich im Osten benachteiligt fühlen, selbst der politischen Mitte zuordnen, muss diese Mitte aus Sicht der Autoren offenbar eine »verlorene« sein. Das ist eine Art der Betrachtung, die in der Tat den Rechtspopulisten hilft.[3] Man muss dieser Studie trotzdem zugute halten, dass sie auch ein Gespür dafür entwickelt, was im Osten gerade passiert. Sie spricht von der Schocktransformation nach 1989 und dem Gefühl von verlorener Heimat und Identität. Die Wiedervereinigung versprach »eine neue gemeinsame Heimat«, was aber tun, »wenn der Westen mit diesem Osten gar kein gemeinsames Volk sein will«? Dass die Ost-West-Debatte seit circa fünf Jahren kontinuierlich an Intensität zunimmt, mag an der »nun stattfindenden Emanzipation der Ostdeutschen liegen«. Die »Ähnlichkeiten mit ost- und mittelosteuropäischen Ländern« sind deutlich erkennbar.

---

3 Verlorene Mitte – Feindselige Zustände. Rechtsextreme Einstellungen in Deutschland 2018/2019, herausgegeben von Andreas Zick, Beate Küpper, Wilhelm Berghan, Bonn 2019.

Der Nachahmungsimperativ

Die Ära der Nachahmung ist in fast allen postkommunistischen Ländern zu Ende gegangen. Das große Ziel, es dem Westen schnellstmöglich gleichzumachen, ist, so Ivan Krastev und Stephen Holmes, einer großen Ernüchterung gewichen. Die beiden Politikforscher sehen vor allem psychologische Gründe dafür. Ein Leben als Imitator rufe unweigerlich »Gefühle wie Unzulänglichkeit, Minderwertigkeit, Abhängigkeit, Identitätsverlust« hervor. Krastev spricht sogar von einem »Nachahmungsimperativ«.

Für die betroffenen Copycat-Nationen haben sich diese Nachahmungsversuche wie ein »Souveränitätsverlust« angefühlt, gegen den man sich zu wehren begann. Die Ursache der gegenwärtigen »illiberalen« Entwicklungen sei deshalb vor allem »emotionaler und vorideologischer Art«, oder wie es die ungarische Historikerin Mária Schmidt, Viktor Orbáns Chefideologin, barsch formuliert: »Wir versuchen nicht, euch zu kopieren, und deshalb hat es keinen Sinn, wenn ihr uns als verpfuschte oder minderwertige Kopien eurer selbst betrachtet.«[1]

---

1 Mária Schmidt, in: György Schöpflin, Mitteleuropa in der Falle. Zur Mesalliance mit der EU, in: Unterm Messer. Der illiberale Staat in Ungarn und Polen, Osteuropa 3–5 /2018.

Doch genau das ist der Fall. Einen »Frankenstate« nannte die US-amerikanische Soziologin Kim Schepperle das heutige Ungarn, und man kann bei Krastev und Holmes nachlesen, wie sie das meint: Der Homunculus aus dem Horrorroman »Frankenstein« wird aus Leichenteilen zusammengebaut, die aus dem Seziersaal oder dem Schlachthaus stammen. Am Ende der Geschichte wendet sich das Ungeheuer gegen seinen Erfinder, zerstört seine Welt und hinterlässt nichts als Kummer und Reue. Wenn deutsche Journalisten vom »fleischgewordenen Rülpsen und Tölpeln« im Osten reden, klingt das nicht anders.

Ivan Krastev spricht von Europadämmerung. Die politischen Gewissheiten lösen sich auf, die Gesellschaften sind gespalten, die klassische Parteienlandschaft erodiert, und der Populismus ist auf dem Vormarsch. Das europäische Modell, das so lange als Vorbild diente, verliert dramatisch an Glaubwürdigkeit. »Der Traum eines freien und geeinten Europas dürfte ausgeträumt sein«, so die rabenschwarze Prognose. Wieso sollten die Mittel- und Osteuropäer dem Westen ausgerechnet jetzt folgen, fragen sich Krastev und Holmes, wo er seine Bedeutung verliert? Überrascht es wirklich, »dass die Polen und ihre Nachbarn sich betrogen fühlten, als sie herausfanden, dass die Gesellschaft, die sie imitieren wollten, verschwunden und von den rasanten Strömungen der Modernisierung davongespült worden war?« Die Rückbesinnung auf die eigene Nation und die eigene Geschichte war in ihren Augen die logische Konsequenz.[2]

Das ist – wie England oder Italien zeigen – kein Phänomen des Ostens allein, trifft dort aber offenbar auf eine besondere Disposition. Immer noch ist Europa getrennt in die Gesellschaften, die den Zerfall ihrer staatlichen Ordnung am eigenen Leib erlebt haben, und jene, die ihn nur aus den Lehrbüchern kennen. Die Erfahrung des Untergangs bestimmt die östlichen Vorstellungswelten. Nur ein Beobachter aus dem Westen konnte das Ende des Ostblocks ernsthaft für das Ende der Geschichte halten; für die postsowjetischen Gesellschaften war es vielmehr der Anfang. Das hat das Verständnis von Demokratie geprägt. Die Mehrheit stand auf gegen ein bestehendes System.

---

2 Stephen Holmes, Ivan Krastev, Osteuropa erklären. Das Unbehagen an der Nachahmung, in: Merkur. Deutsche Zeitschrift für europäisches Denken, Heft 836, Januar 2019.

Zeigen der Folterinstrumente

IVAN Krastev ist zum großen Erklärer des Ostens geworden. Dass er aus Sofia kommt, hat ihm dabei geholfen. Wer könnte wohl besser verstehen, was bei den Osteuropäern los ist, als einer von ihnen. Krastev sichtet die »Erdbebenschäden des heimatlichen Kontinents«, hat ihm die »ZEIT« attestiert, »während dieser noch bebt«. Das größte Beben ist die Flüchtlingskrise. Sie hat das Vertrauen in Brüssel nachhaltig erschüttert. Die Migrationspolitik sei verantwortlich für die Renationalisierungstendenzen und habe den Graben zwischen Ost und West wieder aufreißen lassen, sagt Krastev. Drei Jahrzehnte nach dem Fall der Grenzen gelte »das postmoderne Europa vielen Osteuropäern als kulturell anomal«.

Man hat ihn mit solchen Sätzen erstaunlich lange gewähren lassen. Er durfte von der Heuchelei der liberalen Eliten reden und von »mürrischem Ausdruck eines defensiven Provinzialismus«. Doch ganz geheuer war seinen Bewunderern das nicht. Manche »politischen Instrumente« scheint er nicht ausreichend zu prüfen, gab die »ZEIT« zu bedenken, schließlich zeige Europa doch, wie man Rechtspopulismus abwehren könne und »die europäische Gesinnung zu vitalisieren vermag«. Das kann man als diskreten Hinweis darauf lesen, dass man

Krastev in Zukunft doch etwas genauer auf die Finger schauen wolle, bei dem, was er so schreibt.

Das hat jetzt überraschenderweise Aleida Assmann übernommen, die sich fragt, warum die Diskussion zu den Thesen Krastevs nicht längst in Gang gekommen sei.[1] Man muss auf ihre Wortwahl achten. »Interessant« nennt sie seinen Kommentar, »paradox« seine Formulierungen, und »bemerkenswert« erscheint ihr, dass Krastev nicht auf der politisch-strategischen, sondern einer »kollektiv-psychologischen« Ebene argumentiert; dass er den Osteuropäern ein kollektives Trauma zugute hält und damit die wachsende Entfremdung zwischen Ost und West zu erklären versucht.

Schon im zweiten Absatz ihrer Antwort in der für solche Frühwarndebatten unverzichtbaren Zeitschrift »Merkur« fällt das toxische Wort vom »rechtsradikalen Diskurs«, was natürlich einer *territio verbalis* gleichkommt, der Drohung mit den Folterinstrumenten, noch nicht ihrer Anwendung.

Aleida Assmann sieht den heiklen Punkt in Krastevs psychologischer Argumentation durchaus. Die Abkehr eines großen Teils der polnischen, tschechischen oder ungarischen Eliten vom liberalen Modell der EU ist für Assmann keine Trotzreaktion auf den »Nachahmungsimperativ des Westens«, sondern gilt dem »Gesamtpaket« westlicher Werte: der

---

1 Aleida Assmann, Let's Go East! in: Merkur. Deutsche Zeitschrift für europäisches Denken, Heft 839, April 2019.

Demokratisierung, Liberalisierung, Annäherung, Integration und Europäisierung. Diese Abkehr ist für sie nicht psychologischer, sondern ideologischer Natur. Krastev hat sich die Falle selbst gebaut, in der er da zappelt.

Und Assmann lässt ihn zappeln. Sie gibt den Osteuropäern die politische Verantwortung zurück, um sie dann um so schärfer zur Rechenschaft ziehen zu können. So erinnert sie kühl an den Selbstbefreiungsprozess aus dem sowjetischen Völkergefängnis, bei dem die Frage der Menschenrechte eine zentrale Rolle spielte. »Der Kampf um die Menschenrechte vor 1989«, schreibt sie, sei deshalb »ein so wichtiges Kapitel in der Geschichte der EU, weil die Ostblockstaaten eben nicht, wie es die Geschichte der Sieger will, mit dem westlichen Gut der Demokratie ›beschenkt‹ beziehungsweise kolonial überrannt und überwältigt worden wären, sondern weil sie dieses Gut selbst erkämpft und damit ihre eigene Utopie in die europäische Union eingebracht haben«.

Touché, möchte man sagen. Aus den Opfern werden wieder Akteure. Der Kampf um die Menschenrechte war der Weg in die Freiheit. Ohne die Bürgerrechtsbewegungen im Osten, sagt auch der amtierende polnische Außenminister Jacek Czaputowicz, wäre der Helsinki-Prozess wohl eingeschlafen.[2]

---

2 Jacek Czaputowicz, in: The CSCE and the End oft the Cold War. Diplomacy, Societies and Human Rights 1972–1990,

Die Verbindung von Frieden und Freiheit mit den Menschenrechten war ihre originäre Idee. Man wird die Preisgabe dieser Verbindung als den schmerzlichsten Preis sehen müssen, den Europa nach dem Ende der Teilung gezahlt hat. Für eine gemeinsame Zukunft stand sie nicht zur Verfügung.

Krastev erzählt die osteuropäische Abkehr als eine große Enttäuschungsgeschichte. Die Begeisterung und Aufbruchsstimmung in den Ländern Ost- und Mitteleuropas trafen auf eine westeuropäische Union, die darauf nicht vorbereitet war; die nicht mehr antworten konnte und keine gemeinsame Idee anzubieten hatte, in der sich auch die Osteuropäer mit ihrer Geschichte wiederfinden konnten. Die Osterweiterung wurde kühl und pragmatisch vollzogen. Doch die auseinandergebrochenen Teile passten nicht mehr zusammen; ein voluntaristisches Denken traf auf das normative.

Assmann lässt das freilich nicht gelten. Krastev und sein Mitautor Holmes würden den doktrinären Kern dieser reaktionären Wende gegen die Europäische Union »herunterspielen« und die Anzeichen eines »autoritären Chauvinismus« ignorieren. In der gegenwärtigen Krise sei das höchst fahrlässig, weshalb sie beide politisch ermahnt, die liberale Grundorientierung auf die Menschenrechte zu stär-

---

herausgegeben von Nicolas Badalassi, Sarah B. Snyder, New York, Oxford 2018; zitiert nach: Im Osten geht die Sonne auf. Die Rolle der KSZE bei der Überwindung des Kalten Krieges in Europa, in: Frankfurter Allgemeine Zeitung vom 16. April 2019.

ken. Ihre Schlussfolgerung: Wer die Gültigkeit der Menschenrechte akzeptiert, kann nicht von Nachahmungsimperativ reden. Es geht nicht um Enttäuschungen und Demütigungen, auch wenn sie als solche empfunden werden. Es geht um eine viel grundsätzlichere Frage: Will man Europa universal denken, oder will man das nicht? Krastev und Holmes weichen der Antwort aus. Im postkolonialen Diskurs wird sie längst gegeben: Von einem »multiplen Europa« ist dort ganz selbstverständlich die Rede. Der Kulturalismus ist durch die Hintertür nach Europa zurückgekehrt.[3]

Krastev und Holmes und all jene, die psychologisch argumentieren, übersehen den entscheidenden Wechsel: Es geht heute viel weniger um den traumatisierten Osten als vielmehr um einen, der selbstbewusst geworden ist. Viktor Orbán und Jaroslaw Kaczynski drehen den Nachahmungsimperativ einfach um. »Vor siebenundzwanzig Jahren«, erklärte Orbán im Juli 2017 vor Studenten der Bálványos-Sommeruniversität, »glaubten wir hier in Mitteleuropa, dass Europa unsere Zukunft sei; heute spüren wir, dass wir die Zukunft Europas sind.«[4]

---

3 Manuela Boatcă, Multiple Europas und die interne Politik der Differenz, in: Europäische Integration in der Krise, APuZ, Bundeszentrale für Politische Bildung, Bonn 2015.

4 Victor Orbán, zitiert nach Ivan Krastev, Stephen Holmes, Osteuropa erklären. Das Unbehagen an der Nachahmung, in: Merkur 836, Januar 2019.

Das Europäisierungsparadox

VIELE Menschen in Osteuropa haben sich dem Schlamassel durch Abwanderung in den Westen entzogen. Das gilt für die DDR im besonderen Maße. Die »ZEIT im Osten«, die von einer jungen, ostdeutschen Redaktion gemacht wird, hat Leser zu Wort kommen lassen, die in den Westen gegangen sind. Wie einen Marketingspezialisten aus Mecklenburg, der heute in Hamburg lebt und seinen Frieden mit dieser Entscheidung gemacht hat. Er habe sich, sagt er, »vom Osten entlebt«.

1,4 Millionen Ostdeutsche sollen bis 1993 in den Westen gegangen sein. Doch die Massenabwanderung traf nahezu alle mittel- und osteuropäischen Länder. Lettland hat seit seiner Unabhängigkeit 600.000 seiner damals 2,6 Millionen Menschen verloren, Rumänien 4,2 von 23,2 Millionen. Krastev spricht von 2,5 Millionen Polen, die das Land verlassen haben, und das Armenhaus Moldau büßte ein Drittel seiner Bevölkerung ein.

Die Öffnung der Grenzen nach 1989 erfolgte in einer Hochphase der Deregulierung im Westen. Fast über Nacht wechselten die Menschen aus einem Bevormundungsstaat in eine deregulierte Gesellschaft. Der Marktfundamentalismus triumphierte. Man kann es kaum drastischer ausdrücken als Tony Blair in einer seiner letzten Reden auf dem

Labour-Parteitag 2005: »Die sich wandelnde Welt ist gleichgültig gegenüber der Tradition«, verkündete er damals. »Sie verzeiht keine Schwäche. Sie kennt keinen Respekt für in der Vergangenheit gewachsenes Ansehen. Sie kennt keine Gepflogenheiten und keine Gebräuche. Es ist eine Welt voller Chancen, aber nur für jene, die sich rasch anpassen, die sich nicht beklagen, die willens und fähig sind, sich zu ändern.«[1]

Das »vertraute Bild einer Gesellschaft von Mittelschichten«, an das sich das westliche Europa gewöhnt hat, so der französische Publizist Christophe Guilluy, wurde zertrümmert, und der »Mythos der geglückten Globalisierung« gleich mit. Der Wiener Osteuropahistoriker Philipp Ther hat sich die »neue Ordnung auf dem alten Kontinent« damals gründlich angesehen. Er beschreibt die Folgen des Siegeszugs einer neoliberalen Wirtschaftspolitik, die sich als dezidierter Gegenentwurf zur kommunistischen Planwirtschaft, zugleich aber auch zum keynesianischen Wohlfahrtsstaat verstanden hat.[2] Der rasante Transformationsprozess in der Wirtschaft bekam dadurch seine gesellschaftspolitische Schärfe. Viele, die seinerzeit dabei waren, können sich an die Verfechter der Schocktherapie noch er-

1 S. a. Johann Michael Möller, Demokratie unter Stress, in: Gefährdete Welt, herausgegeben von Michael Rutz, Freiburg im Breisgau 2018, S. 78.

2 Philipp Ther, Die neue Ordnung auf dem alten Kontinent. Eine Geschichte des neoliberalen Europas, Berlin 2014, S. 46.

innern. An den berühmten amerikanischen Ökonomen Jeffrey Sachs und seine legendäre »Brygada Marriotta«, die sich im besten Warschauer Hotel einquartiert hatten. Sie wollten die radikalen Veränderungen, die sie »transition« nannten, mit allen Mitteln forcieren. Es ging nicht um Wirtschaft allein; es ging, so Ther, um den Umbau der gesamten Gesellschaft. »Transition« stand für ein Verständnis von Wandel, der keinen Stein auf dem anderen lassen sollte. Die neuen wenig gefestigten Demokratien konnten dem gegenüber kaum Widerstand leisten; sie haben sich schlicht unterworfen.

Der Marktradikalismus war in jenen Jahren trotzdem nicht so ungebremst, wie es seine Kritiker gerne hätten. Nicht nur in Deutschland, auch in Richtung der neuen EU-Mitglieder im Osten setzte sich ein Hilfsprogramm in Gang, dessen finanzielle Dimension ohne historische Vorbilder war. Allein Polen erhielt aus Brüssel Zusagen in Höhe von 67 Milliarden Euro. Und während die EU anfangs noch geizte, gab sie das Geld »später mit vollen Händen aus«. (Ther)

Die Subventionen kamen auch nicht nur den Metropolen im Osten zugute; sie wurden zu einem nicht unerheblichen Teil in die ärmeren Regionen investiert. Das beliebte Bild der vergessenen Ränder stimmt nur bedingt. Niemand hat in Polen so sehr vom EU-Beitritt profitert wie die bäuerliche Landbevölkerung. Sie wählt heute zu 70 Prozent PiS. Doch der Rechtspopulismus ist keine »Rache der Dörfer«, was den ökonomischen Erklärungsversuchen zumindest für Polen die Basis entzieht. Der wirtschaftliche Angleichungsprozess war im Osten jedenfalls so erfolgreich, dass die neuen EU-Länder die Rezession nach 2008 schneller überwinden konnten als die alten.

Osteuropa, kommentiert jüngst die »Frankfurter Allgemeine Zeitung«, sei »mit der Europäischen Union gut gefahren«. Alle diese Länder sind spürbar reicher geworden. Das Bruttoinlandsprodukt hat sich nach Angaben des Wiener Instituts für internationale Wirtschaftsvergleiche (kaufkraftbereinigt je Einwohner) nahezu verdoppelt, wobei Tschechien die höchste Steigerungsrate aufweist, zugleich aber das Land ist, das der Europäischen Union die deutlichste Ablehnung entgegenbringt.[3] Für den früheren Außenminister Schwarzenberg eine bittere Bilanz: »Wir Tschechen wissen schon, was wir der EU verdanken, aber wir fühlen uns nicht zu Hause.«[4] Vom »Europäisierungsparadox« spricht deshalb der Warschauer Politikwissenschaftler Piotr Buras, der Leiter des European Council on Foreign Relations: »Die Rückkehr nach Westen, die EU-Mitgliedschaft, das sind heute schwache Identitätsangebote.« Zur ganzen Wahrheit gehört auch

---

3 Vgl. auch Christian Geinitz, Osteuropa in der Pubertät, in: Frankfurter Allgemeine Zeitung vom 8. Mai 2019.

4 Zitiert nach Jan Puhl, Tobias Rapp, Warum so viele Osteuropäer die EU plötzlich nicht mehr mögen, in: Der Spiegel vom 20. Dezember 2017.

dazu, dass sich die wirtschaftliche Aufholjagd des Ostens deutlich verlangsamt hat. An eine baldige Konvergenz glaubt inzwischen kaum jemand mehr. Viel erschreckender aber ist die Nachricht, dass sich die Vorteile aus dem gemeinsamen Binnenmarkt wohl vor allem auf die reiche Mitte Europas konzentrieren. »Praktisch das gesamte östliche Europa«, so eine aktuelle Bertelsmann-Studie, verzeichne »nur minimale Wohlstandsgewinne durch den Binnenmarkt«.[5]

Gleichwohl lassen sich schon vom zeitlichen Ablauf her die politischen Verwerfungen in den postkommunistischen Gesellschaften ökonomisch nicht mehr erklären. Die flotte Formel vom Neoliberalismus, der Illiberalismus erzeugt, geht nicht auf. Die politische Wut und das heutige gesellschaftliche Ressentiment, so Krastev, sind »kulturell begründet, nicht ökonomisch«.[6] Die kulturellen Fragen sind heute »die eigentlich harten Fragen«, sagt der Soziologe Andreas Reckwitz. Wir seien Zeugen eines neuen Kulturkampfs, eines weltweiten »culture war«, nicht zwischen unterschiedlichen Kulturen, wie Samuel Huntington glaubte, sondern zwischen verschiedenen Identitätsentwürfen innerhalb

---

5 Was der Binnenmarkt bringt. Osteuropa soll laut einer Studie kaum profitiert haben, in: Frankfurter Allgemeine Zeitung vom 9. Mai 2019.

6 Vgl. auch: Wie ein osteuropäischer Politikexperte die Unzufriedenheit der Ostdeutschen erklärt, Interview mit Lothar Gorris, in: Der Spiegel vom 19. Januar 2018.

einer globalisierten Gesellschaft.[7] In Polen sei es ein Konflikt innerhalb der Eliten, zwischen den Anhängern der Tradition und den liberalen Verfechtern einer modernen Gesellschaft, sagt der in Warschau lehrende Politologe Klaus Bachmann. Das sei die einzige der klassischen Trennungslinien, die seit alters her funktioniert: das traditionelle gegen das weltoffene Polen. In jeder Etappe der polnischen Geschichte habe es diese beiden Lager gegeben.[8]

Man kann damit auch die Fliehkräfte in anderen Teilen des vereinten Europas erklären und die generelle Entfremdung zwischen Ost und West. Denn es prallen heute nicht nur unterschiedliche Erfahrungen und Entwicklungen aufeinander, sondern verschiedene Konstruktionen vom jeweils Anderen und vom eigenen Selbst.

Um das besser verstehen zu können, lohnt ein Blick in die Geschichte der wechselseitigen Wahrnehmungen, die immer auch eine Bedeutungsgeschichte der Himmelsrichtungen enthält. Dass der Orient eine okzidentale Erfindung war, hat sich seit Edward Saids höchst populärem, aber mittlerweile umstrittenen Buch über den Orientalismus in

---

7 Andreas Reckwitz, Zwischen Hyperkultur und Kulturessentialismus. Die Spätmoderne im Widerstreit zweier Kulturalisierungsregime, Dossier Rechtspopulismus, Bundeszentrale für politische Bildung, 16. Januar 2017.

8 Klaus Bachmann, Obrigkeitsstaat. Ein Gespräch mit dem Warschauer Politologen, in: Polska first. Über die polnische Krise, Sonderausgabe für die Bundeszentrale für politische Bildung, herausgegeben von Andreas Rostek, Bonn 2018, S. 30.

den Köpfen des akademischen Westens festgesetzt. Dass wir die landläufigen Bilder vom europäischen Osten auf dieselbe Weise betrachten können, ist keineswegs selbstverständlich, dabei hat auch das eine lange Tradition. Der Osten als Europas innerer Orient, als ein Zwischenstadium zwischen Orient und Okzident, halbentwickelt, halbzivilisiert und semikolonial. Maria Todorova hat das sehr anschaulich an der Ideengeschichte des Balkans gezeigt: Der Osten erscheint nicht als Westeuropas ganz Anderes, »sondern eher als dessen unvollständiges Selbst«.[9] Dagegen stehen die großen Selbsterzählungen der Völker Ostmitteleuropas, vom Bollwerk gegen die asiatischen Reiterhorden bis hin zur berühmten Vormauer, der »antemurale« der Christenheit an den Grenzen der abendländischen Zivilisation.

9 Maria Todorova, Imagining the Balkans, New York/Oxford 1997; zitiert nach Manuela Boatca, a. a. O.

Europas innerer Orient

DER Osten ist wie der Westen eine Erfindung. Er gehört in die Geschichte der imaginären Geographie. Jede Himmelsrichtung trägt eine Bedeutung; dass es vier davon gibt, ist eine »Grundidee der europäischen Kultur« (Dieter Richter). Die Bedeutungen und Konnotationen haben sich im Laufe der Jahrhunderte verändert; aber es gab nie eine Zeit, in der die kulturelle Semantik keine Rolle gespielt hätte.

Der Osten ist da, wo die Sonne aufgeht. Dort war das Paradies, jener Garten Eden, »von Gott gepflanzt gegen Morgen«, wie es im Schöpfungsbuch heißt.

Der Weg der Sonne von Osten nach Westen ist der große Bogen des Lebens. Im Osten liegt auch die Hölle. Von dort kamen die Tartaren, die Söhne der alleruntersten Welt. Der Osten, schreibt Dieter Richter in seinem wunderbaren Buch über den Süden, »stand immer auch für die Bedrohung des Eigenen durch das Fremde, der Zivilisation durch die Barbarei, der Ordnung durch das Chaos, der Freiheit durch die Unfreiheit«. Und noch der deutsche Außenminister Genscher wollte die westliche Stabilität nach dem Osten exportieren, damit »der Osten nicht seine Instabilität nach dem Westen bringe«.[1]

---

1 Dieter Richter, Der Süden. Geschichte einer Himmelsrichtung, Berlin 2009; s.a. Iso Camartin, Jeder braucht seinen Süden, Frankfurt am Main 2003.

Heute kommen aus dem Osten wieder die Wölfe. Böse Gesellen, die in unsere zivilisierten Gehege einbrechen. Eigentlich sind sie Migranten, und die Aufregung über die Wölfe passt exakt in unsere Zeit. Es sind die bodenständigen Menschen, die unter ihm leiden, nicht die ubiquitären urbanen Eliten. Die größeren Wolfsrudel streunen östlich. Aber ein paar Tiere haben es bis an die niederländische Grenze geschafft. *Canis lupus lupus*, der eurasische Steppenwolf, stellt die Masse der Invasoren, aber auch der russische Wolf *Canis lupus communis* wird auf seinem Vormarsch gesichtet. Die Grenzen der Zivilisation sind höchst durchlässig geworden.

Lange Zeit ist die südliche die weitaus geheimnisvollere Himmelsrichtung gewesen. Sie hat unsere Phantasien beflügelt. Ganz tief im Süden, so eine uralte Hoffnung, liegen die Inseln des Glücks, wo ursprüngliche Menschen leben in trauter Eintracht mit der Natur. Die Sehnsucht hat sich bis heute erhalten. »Jeder braucht seinen Süden«, schreibt Iso Camartin. Von Joseph Beuys sind verstreute Überbleibsel einer Reise nach Italien erhalten. Er las Goethe, fuhr nach Neapel und sagte das, was deutsche Italienreisende dann immer sagen: »Da bin ich zu Hause. Hier ist meine Heimat.« Das war 1971. Jeder, notierte Jean Paul, werde eben »mit seinem Süden gleich geboren«.[2]

---

2 Dieter Richter, a. a. O., S. 10.

Die Geschichte der südlichen Himmelsrichtung ist auch die Geschichte der großen Entdeckungsreisen. Aber am Ende der endlosen Reisen steht weder der sagenhafte Südkontinent noch das verheißene Otaheiti, sondern nur »ein Felsen, kahl und bloß«, wie es in dem berühmten Terzinengedicht Adalbert von Chamissos »Salas y Gomez« heißt. Die Utopie ist verschwunden. Chamissos Reisebericht bleibt sehr lange liegen. Die Enttäuschung war wohl zu groß.

Der Westen, schreibt Dieter Richter, war einmal »die diffuseste aller vier Himmelsrichtungen«, eine, die ins Leere mündete, jedenfalls in die unermesslichen Weiten des Ozeans, was insofern erstaunlich ist, als sich diese Vorstellung später genau umkehrte. Der Westen ist, von der Mitte Europas aus betrachtet, eigentlich der geordnete Teil des Kontinents, wo es vernünftige Staatswesen gab, klare Grenzen und eine zivilisierte Gesellschaft. Dass der Westen zugleich die Chiffre des sagenhaften Goldlandes El Dorado für die Schatzsucher war, steht dazu nicht im Widerspruch. Im Westen ging die Sonne zwar unter, aber das Licht der Aufklärung dafür an. Der Fortschritt ist seither im Westen zu Hause. »Neu York und Lima« gehen uns in der Tat näher an, wie der junge Ranke 1824 bekannte, »als Kiew und Smolensk«.

Der Osten dagegen blieb dunkel. Man wusste noch nicht einmal richtig, wo er lag. Er entzog sich einer Fixierung auf der Landkarte Europas. Seine

Erfindung ist eine Erfindung der Neuzeit. Tausend Jahre lang verlief die geistige Achse von Süden nach Norden; der Kontinent war geteilt in die römische Welt und die der Barbaren. Es war die südliche Perspektive, die aus heutiger Sicht doch wieder die westliche ist. Denn auf das antike Erbe will niemand verzichten. Für die Idee einer Wertegemeinschaft sind die verschiedenen Himmelsrichtungen ohne Belang.

Erst das 18. Jahrhundert formulierte den Osten dezidiert als Gegenentwurf zur westlichen Welt. »Die Erfindung Osteuropas«, schreibt der Historiker Larry Wolff, »die hauptsächlich von den führenden Ländern der Aufklärung wie Frankreich und England ausging, bestätigte einerseits den aufgeklärten Fortschritt der westlichen Regionen Europas und gab gleichzeitig der unzivilisierten Rückständigkeit der östlichen Gebiete einen Namen. Länder mit völlig unterschiedlichen Regierungen, Gesellschaften, Religionen – das Russische Reich, die Polnisch-Litauische Union (*Rzeczpospolita*), das habsburgische Ungarn und Böhmen sowie die osmanisch beherrschten Gebiete wurden miteinander verknüpft und zu einem Ganzen zusammengeschlossen ...«[3]

Noch war dieses Osteuropa nur eine literarische Idee. Aber sie begann sich im 19. Jahrhundert auf eine merkwürdige Weise zu verfestigen. Osteuropa

---

3 Larry Wolff, Die Erfindung Osteuropas. Von Voltaire zu Voldemort, in: Europa und die Grenzen im Kopf, herausgegeben von Karl Kaser, Dagmar Gramshamer-Hohl, Robert Pichler, Klagenfurt 2003.

erschien plötzlich als »selbstverständliche und natürlich entstandene geographische Region Europas, als ein Konglomerat aus Ländern und Völkern, die durch eine tiefe Ähnlichkeit miteinander verbunden waren«. Man könnte glauben, dass das uniforme Bild des späteren Ostblocks hier seinen Ursprung hat.

Der europäische Osten schien dasselbe Schicksal zu teilen, das dem Orient widerfuhr, der für Europa, wie es Edward Said formulierte, zu einem der stärksten »Bilder des Anderen« wurde – konstitutiv für uns selbst und unsere Idee von der eigenen Kultur. Said hat damals, auch wenn er nicht mehr kritiklos gesehen wird, den Blick für die Konstruktion des äußeren Orients geöffnet, dem natürlich ein innerer Orient entsprach. Dolf Sternberger hat diesen inneren Orient eindrucksvoll beschrieben mit seinem gedämpften Licht, den samtenen Draperien und der schwülen Bilderwelt Makarts.

Dieser Orient erschien als die komplett andere Welt, was bei Osteuropa nicht möglich war. Denn der weiße, christliche, europäische Osten, der zugleich rückständig, traditionell und agrarisch war, ließ sich – wie wir gesehen haben – nicht als das vollständig Andere konstruieren, sondern nur als Westeuropas unfertiges Selbst. Wolff spricht von »Halborientalismus«, was dem Osten gleichzeitig Züge von Vertrautheit wie von Exotik verlieh. Osteuropa wurde eine Mittlerrolle zuteil, interessanterweise nicht nur zwischen den Räumen, sondern auch zwischen den Zeiten; zwischen »dem Zeitalter des Barbarentums und jenem der Zivilisation«, zwischen dem 10. und dem 18. Jahrhundert; zwischen den asiatischen und den europäischen Sitten – eine Zwieschlächtigkeit, die den Osten bis heute verfolgt. Er schien nie völlig barbarisch, aber auch nicht gänzlich zivilisiert.

Von »Halbwildheit und Halbkultur« sprach Georg Forster. Er beschreibt das am Beispiel Polens und Litauens. Moskau sei »Asien mehr verbunden als Europa«, notierte der Marquis de Custine 1839 auf seiner Reise nach Russland und warnte zugleich vor dem Trugschluss, sich in Sankt Petersburg vom »Anschein der Zivilisiertheit« täuschen zu lassen. Das ist die wohl tiefere Bedeutung der Geschichte von den Potemkinschen Dörfern. Russland täuschte etwas vor, was es in Wahrheit nicht war. »Chacun à sa chimère«, soll Voltaire bei der Betrachtung einer Landkarte von Osteuropa gesagt haben: »Diese hier ist meine.«[4]

---

4 Albert Lortholary, Le mirage russe en France, au XVIIIe siècle, Paris 1951, S. 130; zitiert nach Larry Wolff, Die Erfindung Osteuropas: Von Voltaire zu Voldemort, in Karl Kaser et al., Europa und die Grenzen im Kopf, Wiesers Enzyklopädie des europäischen Ostens, Bd. 11, Klagenfurt 2003.

Hinter dem Eisernen Vorhang

MAN darf darüber die Faszination nicht vergessen, die der Osten immer auch auf einen Teil der Intellektuellen Westeuropas ausgeübt hat. Die weite Natur, die slawische Seele, die Erdverbundenheit der Menschen machten den Osten zum »authentischeren« Teil von Europa. Noch bei Klaus Mehnert ist diese Seelenverwandtschaft zu spüren. Das stalinistische Trauma hat sich wie ein Schatten darübergelegt. Der Traum vom sozialistischen Brudervolk war für die deutschen Kommunisten schnell ausgeträumt. Achttausend von ihnen durften in die Sowjetunion emigrieren, nur 1400 überstanden das lebend. Sie waren der verlängerte Arm Moskaus in der späteren DDR. Der Historiker Andreas Petersen hat gezeigt, welche Rolle die Terrorerfahrung der Sowjetemigranten für den Aufbau des SED-Regimes spielte. »Stalin hatte durch den Terror das Schweigen der Opfer erzwungen. Das funktionierte auch in der DDR.«[1]

In der Rückschau lässt sich erkennen, wie die Auflösung des sowjetischen Regimes einhergeht mit der Wiederentdeckung der alten Bilder des Ostens. »Nostalgia« heißt der Titel einer beeindru-

---

1 Andreas Petersen, Die Moskauer. Wie das Stalintrauma die DDR prägte, Frankfurt am Main 2019.

ckenden Fotodokumentation des vorrevolutionären Russlands.

»Osteuropa war eine andere Welt als der Westen«, notierte die kroatische Schriftstellerin Dubravka Ugrešić nach dem Zerfall Jugoslawiens, und daher habe der Westen sie auch geliebt, »ihre bescheidene Schönheit, ihre Armut, ihre Melancholie und ihr Leiden«, eben ihre »Andersheit«. Frühere Zeiten hätten von einem verbindenden Wesenszug gesprochen, von einer gemeinsamen osteuropäischen Mentalität, von der slawischen Seele des Ostens.[2] Doch wenn es überhaupt ein Merkmal gibt, das dieses Osteuropa verbindet, dann ist es die Erfahrung des Ostblocks, die gemeinsam erlittene Sowjetisierung und der Verlust der Eigenständigkeit. Für die meisten Menschen im Westen, so Ugrešić, war dieses Osteuropa »geistig ein leerer Raum«, und das ist er bis heute geblieben. »Er beginnt irgendwo hinter dem Eisernen Vorhang, irgendwo jenseits der Mauer, sogar jetzt, wo weder ein Vorhang noch eine Mauer existieren.«

Der »Ostblock« war ein geopolitischer, aber auch ein historischer Ordnungsrahmen gewesen. Die sowjetische Klammer hielt ihn zusammen. Das Verschwinden des Ostblocks hat die Befassung mit den Landschaften, die wieder sichtbar wurden, und den Nationen, die sich plötzlich zurückmeldeten, notwendig gemacht. Ein weites Feld tat sich auf, in

---

2 Larry Wolff, a. a. O., S. 29.

das man buchstäblich hineinwandern konnte. Das macht die Raumbegeisterung verständlich, die ein Werk wie das Karl Schlögels auszeichnet. Mit dem Epocheneinschnitt von 1989 begann aber auch eine fruchtbare Diskussion über die Frage, wie man die Bruchstücke dieser östlichen Welt wieder zusammensetzen soll.

Wolfgang Büscher hat sich diesen Osten erwandert; Karl Schlögel hat ihn zum Sprechen gebracht. Sein Werk ist ein glücklicher Fall begreifender Anschauung. Viel schwerer tat sich, wie wir noch sehen werden, die jüngere Osteuropawissenschaft mit ihren Versuchen, die Geschichtsräume im Osten transnational neu zu gliedern, die nationalgeschichtlichen Sichtweisen zu überwinden und die »nationalhistorischen Parameter aufzuweichen«. An ihre Stelle sollten Fragen des Kulturtransfers und der Beziehungsgeschichte treten, man entwarf das Idealbild einer *histoire croisée*[3] mit dem Ziel der Wiedereingliederung Ostmitteleuropas »in den Strom einer gesamteuropäischen Geschichte«.[4] Dass sich das Nationale gerade im Osten wieder zu Wort meldete und eine neue Relevanz als poli-

---

3 Michael Werner, Bénédicte Zimmermann, Vergleich, Transfer, Verflechtung. Der Ansatz der Histoire croisée und die Herausforderung des Transnationalen, in: Geschichte und Gesellschaft, 28. Jg., Heft 4, 2004.

4 Die Kunsthistoriographien in Ostmitteleuropa und der nationale Diskurs, herausgegeben von Robert Born, Alena Janatková, Adam S. Labuda, Vorwort der Herausgeber, Berlin 2004, S. 9.

tisches Ordnungsmodell bekam, nahm man erstaunt zur Kenntnis. Obwohl man dieses Kapitel der europäischen Geschichte für längst abgeschlossen gehalten hatte, musste man plötzlich doch wieder versuchen, »die Mechanismen und die Inhalte dieser unerwarteten Renaissance zu ergründen«.[5] Fast widerstrebend beugte man sich der Einsicht, dass es sich eben doch nicht um einen Rückfall in finstere Zeiten handelte, sondern um einen Prozess der Normalisierung und einen neuen »Ordnungsgewinn« (Herfried Münkler). Die nationale Frage, das mussten sich selbst die Kunsthistoriker eingestehen, konnte die Wissenschaft nicht länger umgehen. Der berühmte Prager Mediävist František Graus, der auf den Basler Lehrstuhl Jakob Burckhardts berufen wurde, hat das früh und eindeutig formuliert: »Das nationale Prinzip, die Vergewisserung nationaler Identität, ist eines der charakteristischen Merkmale der europäischen Geschichte und mit dieser entstanden.«[6]

5 Robert Born et al., a. a. O., S. 10.

6 Zitiert nach Klaus Zernack, Die nationalen Debatten in ostmitteleuropäischen Historiographien, in: Robert Born et. al., a. a. O., S. 43.

Großmütter erzählen

WARSCHAU, Frühjahr 2015. Staatspräsident Komorowski ist noch im Amt. Dass er an seinem uninspirierten Wahlkampf scheitern sollte, war noch nicht abzusehen. Ich stehe im Präsidentenpalast inmitten der Sammlung historischer Fahnen. Eine junge Mitarbeiterin der Präsidialkanzlei erklärt mir die Herkunft. Sie zeigt auf eine unscheinbare, quadratische Flagge: rotes Kreuz auf weißem Grund. »Das ist die erste Fahne unserer polnischen Freiheitsbewegung«, sagt sie mit Nachdruck und übersetzt mir die polnischen Worte: »Im Namen Gottes für unsere und für eure Freiheit«. Es ist die Fahne von 1830/31, die Fahne des berühmten Kadettenaufstands, und die Worte werden zur Parole des europäischen Vormärz. Man hat sie Joachim Lelewel zugeschrieben, dem bedeutendsten Historiker des wiedererwachenden Polens. Wenn man in seiner Lebensgeschichte blättert, dann blättert man in der Geschichte Europas. Seine Wiege steht heute in Krakau, in Vilnius liegt er begraben.

Ich habe mit meinem Warschauer Freund Jarek oft über seine Familie gesprochen; dass der östliche Zweig die Kinder in Berlin studieren ließ, der westliche aber in Moskau. So hielt man Distanz nach beiden Seiten. Ich habe auch die Institution der Großmütter kennengelernt. Sie waren in diesen Familien das andere Leben. »Wehe dem Volk, das von seinen Knechten regiert wird«, hat eine von ihnen gesagt. Hinter solchen Sätzen wehte die Freiheit. Ich bin nach der Wende immer wieder auf diese Großmütter gestoßen; sie haben ihren Familien über den Kommunismus hinweggeholfen; als er weg war, sind sie gestorben.

Wie geht man akademisch mit solchen Geschichten um? Wie sortiert man solche Erfahrungen? Von den postsowjetischen Gesellschaften ist jetzt häufig die Rede; die Forschung spricht von »diskursiven Konstruktionen« (Karin Liebhart) und von »mesoregionalen Konzepten«. Es geht um neue »Analysekategorien« (Maria Todorova) und um die Vermeidung historisch belasteter Begriffe wie Mitteleuropa.

Der Vorgang erscheint exemplarisch für unsere unsentimentale Zeit. An die Stelle der vertrauten, aber notgedrungen unscharfen Bezeichnungen treten neutrale »geschichtsregionale Konstrukte« wie die »Schwarzmeerwelt« oder der »Adriaraum«, die das alte politisch-geographische Europa »transzendieren, es überschreiten, gar globalisieren« wollen (Stefan Troebst). Die alten Begriffe wie Völker, Kulturen und Landschaften müssen einer Terminologie weichen, in der es um »spezifische Cluster von Strukturmerkmalen langer Dauer« geht, um den klinisch reinen »Vergleichs- und Analyserahmen«, der am besten »von der historischen Realität nicht kontaminiert ist«, wie es in einem Forschungsbericht dazu heißt.

Der Schritt der polnisch-britischen Kunsthistorikerin Katarzyna Murawska-Muthesius erscheint da nur konsequent. Sie will die unscharfe Rede von »Ostmitteleuropa« durch ein Kunstwort ersetzen. Ihr erklärter Favorit ist das fiktive Comecon-Land »Slaka« aus Malcolm Bradburys Roman »Rates of Exchange«. Satire ist von der Wirklichkeit manchmal nicht mehr zu unterscheiden.

Im Logbuch seiner Reise durch Mitteleuropa verfährt Andrzej Stasiuk ganz anders. Es ist der Versuch, die eigene Biographie mit dem geographischen Raum in Übereinklang zu bringen, mit Orten, die kaum einer kennt. Es ist kein willkürliches Verfahren; es handelt sich um Landschaften, die verharren, wo doch die Grenzen über sie hinweggewandert sind. Die Grenze zur Slowakei verläuft heute durch Konieczna. Es ist eine »Landschaft, die dazu neigt, sich selber zu reinigen«. Unweit davon liegt der Dukla-Pass. Das Tor zum richtigen Osten. Mir fällt wieder der Begriff von der »interdependenten Vielfalt« (Christian Giordano) ein. Stasiuks Mitteleuropa meint etwas anderes. »Mitteleuropäer zu sein bedeutet: Zwischen dem Osten, der nie existierte, und dem Westen, der allzusehr existierte, zu leben. Das bedeutet, ›in der Mitte‹ zu leben, wenn diese Mitte eigentlich das einzige reale Land ist.«[1]

---

1 Andrzej Stasiuk, a. a. O., S. 141.

Ein Federstrich Ribbentrops

Es gibt eine sehr alte Diskussion darüber, wo die Grenzen im Osten Europas tatsächlich verlaufen; geographisch beantworten lässt sich die Frage nicht. »Der Osten ist etwas, das keiner haben will«, stellt Wolfgang Büscher auf seiner Wanderung nach Moskau fest. »Die Ostjacke verschenken alle gern. Sie wird in östlicher Richtung weitergereicht.« Von Brandenburg aus gesehen fängt der Osten in Polen an. Für die Polen beginnt der Osten hinter Warschau. »Östlich von Warschau stand die Antwort wiederum außer Zweifel: einfach die Landstraße nach Białystok hoch. Alles, was links von ihr liegt, westlich, ist katholisch, mithin gut polnisch. Was rechts von ihr liegt, ist weißrussisch-orthodox. Wo also beginnt der Osten?«[1]

Als Graf Louis-Philippe de Ségur – wir erinnern uns – Ende des 18. Jahrhunderts nach Sankt Petersburg entsandt wird, glaubt er beim Übertritt über die preußisch-polnische Grenze, »Europa gänzlich hinter sich« gelassen zu haben, und fühlt sich »zehn Jahrhunderte zurück« versetzt. Aus der Gegenrichtung kommt zur selben Zeit der amerikanische Entdeckungsreisende John Ledyard, der später in Kairo stirbt. Er erkennt in dieser preußisch-polnischen

1 Wolfgang Büscher, a. a. O., S. 62.

Grenze sofort die »große Scheidelinie zwischen der asiatischen und der europäischen Lebensform«. Wären die beiden Reisenden ein paar Jahre früher dorthin gekommen, bemerkt der russische Historiker Aleksej Miller sarkastisch, hätte es die große Kulturscheide noch gar nicht gegeben. Diese Grenze ist erst mit der polnischen Teilung entstanden.[2]

Die Idee solcher »Kulturscheiden« gehört untrennbar zur Geschichte des Ostens. Wir sind ihr schon bei James Hawes begegnet und seiner Obsession von der Elbe. Dabei markiert die Elbe nur einen Teil jener uralten Linie, die über die Leitha weiter nach Süden verlief. Seit alters trennt sie das okzidentale Europa vom »orientalischen«, die lateinische Welt von der byzantinischen; und dass die Siegermächte des Zweiten Weltkriegs an fast genau dieser Stelle wieder ihre Demarkationslinien zogen, schien wie eine historische Fügung. Man kann diese Kulturscheiden entlang der großen Kirchenspaltung beschreiben; entlang von Heiratsalter, Eigentumsordnung oder zweiter Leibeigenschaft. Man versucht, wie das in der einschlägigen Forschungsliteratur heißt, »spezifische Cluster von dauerhaften Strukturmerkmalen« zu identifizieren. Aber darin wird auch – James Hawes ist das beste Beispiel dafür – eine sonderbar abgedichtete Wahrnehmung sichtbar, die an die alte Demarkations-

2 Aleksej Miller, Die Erfindung der Konzepte Mittel- und Osteuropa, in: Kaser et al., a. a. O., S. 139 ff.

linie zwischen Ost und West erinnert. Von »gedanklichen Barrieren« spricht die Leidener Historikerin Nicolette Mout, welche die Gemeinsamkeiten der europäischen Geschichte verdecken.

Die Vorstellung, dass der Eiserne Vorhang eine zivilisatorische Grenze war, hat man immer schon gerne in die Geschichte zurückprojiziert. Die Vorliebe für solche »Phantomgrenzen« (Béatrice von Hirschhausen) ist unübersehbar. Sie bestärken den Eindruck, dass wir es im Osten bis heute mit abgeschlossenen Gesellschaften zu tun haben, denen die moderne Entwicklung noch immer bevorsteht. Wir sprechen aber von einem Ostmitteleuropa, das – so der entscheidende Einwand des Historikers Wolfgang Schmale – seit dem Spätmittelalter »an allen umfassenden historischen Kommunikations- und Kulturtransferprozessen« in Europa teilgenommen hat. Man schämt sich fast, es ständig wiederholen zu müssen: Aber wir haben es in Ostmitteleuropa mit Kernregionen der europäischen Kultur zu tun, für die sich der Begriff von Zentraleuropa längst wieder einzubürgern beginnt. Allein die frühen Universitätsgründungen von Prag und von Krakau sind Beweis genug. Als die erste thüringische Regierungsdelegation nach der Wende nach Krakau kam, antwortete ihr der Rektor der Jagiellonen-Universität auf Lateinisch. Die ostdeutschen Vertreter konnten nur Russisch, die westdeutschen nicht einmal das.

Auf den eigenartigen Verlauf dieser »östlichen«

Grenzen hat die polnische Historikerin Beata Halicka aufmerksam gemacht; sie gehen auffälligerweise immer senkrecht von oben nach unten. Der berüchtigte Federstrich Ribbentrops durch die Karte Europas gehorcht diesem Muster genauso wie die brutale Grenzziehung der Alliierten in Jalta.

Der ungarische Historiker Jenö Szücs hat sein »drittes Europa« entlang dieser Kulturscheiden konzipiert.[3] Es dürfte kein Zufall gewesen sein, dass das in dieselbe Zeit fiel, als Milan Kundera Mitteleuropa wieder ins politische Bewusstsein des Westens zurückholen wollte. Es ging Szücs auch darum, eine ideologisch in Verruf geratene Idee »zu rehabilitieren und neu zu legitimieren«. Mitteleuropa erschien plötzlich als eine Region zwischen uralten Grenzen; als ein Phänomen von langer Dauer.[4]

Tatsächlich drängt Szücs den eigentlichen Osten weit hinter eine gedachte Linie zurück, die vom Baltikum zum Schwarzen Meer verläuft, was den russischen Historiker Aleksej Miller zu der Bemerkung veranlasste, dass man nach dem Zerfall der Sowjetunion am liebsten wohl ganz Osteuropa von der Landkarte gestrichen hätte. Das war ein Vorwurf,

---

3 Jenö Szücs, Die drei historischen Regionen Europas, Frankfurt am Main 1990, ungarische Originalausgabe von 1981; vgl. auch: Jörg Hackmann, Ostmitteleuropaforschung, in: Online-Lexikon zur Geschichte und Kultur der Deutschen im östlichen Europa, 2014; vgl. auch: Christian Lübke, Mitteleuropa, Ostmitteleuropa, östliches Europa. Wahrnehmungen und Strukturen im frühen und hohen Mittelalter, Themenportal Europäische Geschichte, 2006.

4 Ders., in Kaser et al., a. a. O., S. 121.

den man schon Oskar Halecki gemacht hat, ihm sei es darum gegangen, Russland aus der europäischen Geschichte »herauszuschreiben«. Man täte einem jüngeren Historiker wie Jenö Szücs allerdings Unrecht, wenn man ihm unterstellte, nur die wissenschaftliche Blaupause für den sich abzeichnenden Emanzipationsprozess der postkommunistischen Staaten geliefert zu haben. Aber wir reden im Falle Ostmitteleuropas von Ländern, die unbedingt dem Westen angehören wollten und nach Lesart vor allem der konservativen polnischen Historiker immer schon Teil des lateinischen europäischen Kulturraums waren. Da war eine strukturell dauerhafte Kulturgrenze nach Osten ein hochwillkommenes Argument. Von *East Central Europe* hatte Oskar Halecki gesprochen. Das war viel mehr als ein »Grenzraum des Abendlandes«.

Zu den bestürzenden Vorgängen unserer Tage gehört, dass sich diese Tradition plötzlich umzukehren beginnt. Die Mitteleuropaidee wechselt zum ersten Mal erkennbar die Richtung. Es geht ihr offenbar nicht länger um die Nähe zum Westen, sondern um die neue Distanz. Man kann die Tragweite dieses Wechsels gar nicht hoch genug einschätzen. Plötzlich ist wieder von einem eigenen mitteleuropäischen Weg die Rede, der sich von dem der Europäischen Union immer deutlicher zu unterscheiden beginnt. Die Gründung der Visegrád-Gruppe Anfang der neunziger Jahre war ein deutliches Signal; und selbst Pilsudskis Intermariums-Idee geistert wieder in den Köpfen herum. Man hat in diesem Zusammenhang von einer jagiellonischen Version der Mitteleuropaidee gesprochen. Doch das sind polnische Vorstellungen, für die sich kein Tscheche oder Ungar begeistern lässt. Intermarium und Mitteleuropa sind im Grunde konkurrierende Modelle. Wir erleben in diesen Tagen die Abkehr enttäuschter Beitrittsländer vom einstmals gelobten Westen, und nur die intellektuelle Engführung in Brüssel kann das für ein peripheres Problem halten. Die Hoffnungen, dass mit der Erweiterung der EU stabile Strukturen im Osten einkehren würden, haben sich jedenfalls nicht erfüllt. Dreißig Jahre nach dem Ende der sowjetischen Herrschaft sind immer noch unruhige Gesellschaften vorhanden, die um ihr Selbstverständnis ringen und um ihre Rolle im vereinten Europa. Zur Disposition stehen das westliche Modell und die liberale Gesellschaft. Boshaft könnte man formulieren: Das Abendland wird in Mitteleuropa inzwischen nicht mehr gegen den Osten verteidigt; seine neuen Feinde sitzen im Westen.

Von welchen Traditionen und Hoffnungen da Abschied genommen wird, kann man nur nachvollziehen, wenn man Oskar Haleckis Buch »Borderlands of Western Civilisation« zur Hand nimmt. Es ist Anfang der fünfziger Jahre in New York erschienen und trägt in der deutschen Ausgabe den Titel »Grenzraum des Abendlandes«. Es ist eines jener stockfleckigen Bücher aus der Nachkriegszeit, die von großen Denklinien zeugen. Oskar Halecki ragt als Gestalt des 19. Jahrhunderts weit in unsere Gegenwart hinein. Geboren im Innersten der alten Donau-Monarchie, wurde er in Krakau *sub auspiciis imperatoris* promoviert, war in jungen Jahren schon Professor in Warschau und gehörte 1918/19 der polnischen Delegation auf der Pariser Friedenskonferenz an. 1940 musste er in die USA emigrieren. Dort war er bis zu seinem Tod einer der wichtigsten Köpfe der polnischen Geschichtsschreibung im Exil. Man hat ihn unter die großen »Interpreten Europas« eingereiht, die, unbeeindruckt vom immer kälter werdenden Kalten Krieg, Europa immer noch zusammendenken wollten.

Halecki hat die Rückkehr seiner Heimat nach Europa auch keineswegs geographisch verstanden, sondern im Hinblick auf die neue »atlantische Völkergemeinschaft«, wie sie nach dem Krieg entstanden war. Dann, so heißt es im Schlusssatz seines Abendland-Buches, »könnte für alle, die unter den heutigen Verhältnissen in Ostmitteleuropa leiden, oder doch wenigstens für ihre Nachkommen, eine neue Zeit anbrechen, die sie zum ersten Mal in der Geschichte in einer einzigen großen Gemeinschaft nicht nur mit Westeuropa, sondern auch mit Amerika zusammenführt«.[5] Ostmitteleuropa als Teil der westlichen Wertegemeinschaft und eben nicht als ihr Gegenmodell.

---

5 Oskar Halecki, Grenzraum des Abendlandes. Eine Geschichte Ostmitteleuropas, Salzburg o.J., S. 495.

West Side Story

Der Westen verkörpert die Siegerseite der Geschichte. Aber er war so, wie wir ihn erlebt haben, natürlich ein Kind des Kalten Kriegs. Dieser Westen der alten, bipolaren Nachkriegsordnung ging 1989 ebenfalls zu Ende. Wir haben es nur nicht sofort bemerkt. Die Veränderungen kamen aus dem Osten, und die Menschen von dort erschienen uns tatsächlich wie Migranten in unsere freie westliche Welt. Es ist kein Zufall, dass die deutschen Flüchtlinge in der Prager Botschaft zu einer Schlüsselszene dieses Epochenumbruchs wurden.

Dieser Westen, der gleichbedeutend erschien mit dem Ideal der freien Welt, war der Sehnsuchtsort vieler Menschen in den postsowjetischen Staaten gewesen. Millionen verließen nach dem Zusammenbruch des Kommunismus ihre Heimat in westlicher Richtung. Die rasche Angleichung der Lebensverhältnisse war das erklärte Ziel aller Transformationsprozesse: Werden wie der Westen; zu jener offenen Welt gehören, in der alles möglich zu sein schien, dieses Motiv hat alle Veränderungsprozesse im Osten bewegt. Dass dieser Westen auch eine Wertegemeinschaft war, in der Freiheit nicht nur als Befreiung gedacht wurde, hat man nicht in gleichem Maß reflektiert, was den Umwälzungen einen rüden, oft rücksichtslosen Zug gab, der nur unvollständig mit dem berüchtigten Neoliberalismus zu umschreiben ist. Die Welt der Gewinner begann sich sehr bald schroff von derjenigen der Verlierer zu trennen. Man kann sich heute darüber streiten, ob es der Einbruch eines entfesselten Kapitalismus war, der auf viel zu schwache Gesellschaften stieß; oder ob man darin die »östliche« Spielart einer nachholenden Entwicklung sehen muss, in der die einhegenden Traditionen des westlichen Sozialstaats keine Rolle spielten. Das Ergebnis, wenigstens in den wilden neunziger Jahren des vorigen Jahrhunderts, ist prekär; es entsprach weder den Hoffnungen der Menschen, die im Osten in eine ungewohnte Freizügigkeit stolperten, noch dem Idealbild derer, die im Zusammenbruch des Kommunismus den finalen Sieg der westlichen Wertegemeinschaft erblickt haben. Dass wir in den neuen Bundesländern dreißig Jahre nach dem Mauerfall eine entfesselte Diskussion darüber erleben, wie man den Ostdeutschen endlich Gerechtigkeit widerfahren lassen kann, kennzeichnet den Zustand: Außer ein paar Glücksrittern und Einheitsschwindlern scheint es überhaupt keine Gewinner mehr zu geben. Auch im Westen ist der Lack ab; auch seine Freiheitsidee ist auf der Strecke geblieben.

Dem alten, unerschütterten Selbstverständnis dieses Westens hat der deutsche Historiker Heinrich August Winkler sein Lebenswerk gewidmet. Es ist fast tragisch, dass sich seine große Geschichte des Westens in der Rückschau wie ein Schwanengesang liest.[1] Die alten Gewissheiten, die Winkler in stupender Gelehrsamkeit noch einmal ausbreiten konnte, sind längst nicht mehr vorhanden. Weder die westliche Wertegemeinschaft noch die Idee der europäischen Einheit haben die Jahre seit dem Mauerfall unbeschadet überstanden.

Die Konstruktion dieses Westens war nie geographischer, sondern ideengeschichtlicher und ganz entscheidend auch machtpolitischer Natur. Aber wie der Osten spielt der Westen in real existierenden Räumen. Nur seine Idee greift darüber hinaus. Sie definiert nicht den Abstand zwischen Orten, sondern den zwischen einer fortschrittlichen und einer rückständigen Welt; es ist kein räumlicher Abstand, sondern ein zivilisatorischer. Der Terroranschlag vom 11. September 2001, schreibt Winkler, galt nicht nur Amerika, »sondern dem Westen« schlechthin. Dieser Westen möge sich noch so sehr fragen, ob es ihn wirklich gibt: »Von großen Teilen der nichtwestlichen Welt wird er als Einheit wahrgenommen, und das vor allem von denen, für die er zum Gegenstand des Hasses geworden ist.« Das ist, wenn man so will, die negative Beweisführung. Auch der Westen, dies müssten die an Edward Said geschulten Verfechter des Postkolonialismus eigentlich wissen, ist eine große Erfindung. Wobei die

---

1 Heinrich August Winkler, Geschichte des Westens. Von den Anfängen in der Antike bis zum 20. Jahrhundert, München 2016.

Rede davon im Deutschen, wie wir wissen, zu Missverständnissen führen kann.

Für Winkler – und das ist die gängige Sichtweise – liegen die Ursprünge des Westens in jenem Teil Europas, der einmal sein geistiges Zentrum in Rom hatte und zum Einflussbereich der alten lateinischen, der Westkirche gehörte. Nur dort waren die vormodernen Formen der Gewaltenteilung gegeben, aus denen sich eines sehr fernen Tages der moderne Rechtsstaat entwickeln konnte. Wir reden hier von Phänomenen der langen Dauer, Braudels *longue durée*; doch Winkler geht einen entscheidenden Schritt weiter. Für ihn wurzelt die Geschichte des Westens nicht in der kirchlichen Rechtstradition, sondern in der christlichen Verkündigung selbst. Am Anfang der folgenreichen Unterscheidung einer weltlichen von der religiösen Sphäre sieht er das Jesus-Wort: »So gebet dem Kaiser, was des Kaisers ist, und Gott, was Gottes ist.« (Matth. 22,21; Markus 12,17)

In seiner Abschiedsvorlesung vom 14. Februar 2007 an der Berliner Humboldt-Universität nennt er das in Anlehnung an Goethe: »Urworte. Christlich«. Damit nimmt der lange Weg nach Westen, der unsere deutsche und auch die europäische Geschichte bestimmt hat, einen quasi religiösen Ausgangspunkt. Mit schwerwiegenden Konsequenzen. Ein so begründeter Westen wird zur Konfession. Wer dazu gehören will, muss die Seiten wechseln, muss konvertieren. Früher war das die

Flucht über die Grenzen; heute nennt man so etwas Transformation.

Ganz im Sinne der alten Mitteleuropaidee schlägt Winkler die – mit Slowenien – acht Staaten Ostmitteleuropas, die seit dem 1. Mai 2004 Mitglieder der Europäischen Union sind, unbesehen dem Westen zu, denn sie wurzeln historisch im Raum der alten lateinischen Kirche. Andererseits ragt dieser Westen weit über den Rand des alten Okzidents hinaus, weil er die großen angelsächsischen Demokratien Nordamerikas oder Australiens und Neuseelands umfasst. Man muss Winkler zugute halten, dass sich die Welt mittlerweile dramatisch verändert hat und die alten Nachkriegskonstellationen einer bipolaren Weltordnung nicht einmal mehr in Umrissen erkennbar sind. Trotzdem erstaunt, wie unbekümmert da eine Vorstellung vom Westen apostrophiert wird, der die Wirklichkeit schon lange entlaufen ist.

Plötzlich geraten zwei Konzepte in Widerstreit, die zwar nie deckungsgleich waren, deren Unterschiede aber erst nach dem Zerfall des Ostblocks wieder sichtbar wurden. Die Einheit Europas und die der westlichen Welt sind nicht identisch. »Europa ist nicht der Westen«, formuliert das der Wiener Historiker Gerald Stourzh.[2] Und der Westen ist nicht Europa; was Winkler zu der Feststel-

2 Gerald Stourzh, Annäherungen an eine europäische Geschichtsschreibung, Wien 2002, S. XI.

lung bringt, Europa habe nie »eine Wertegemeinschaft gebildet«.

Damit scheint es plötzlich kein Widerspruch mehr zu sein, wenn sich ein Land wie Ungarn unter Viktor Orbán zwar zu Europa bekennt, aber eben nicht mehr zur westlichen Wertegemeinschaft. Die jeweiligen historischen Erfahrungen lassen sich eben nicht mehr im Bekenntnis zu einer abstrakten Wertegemeinschaft auflösen. Die Fliehkräfte sind stärker geworden. Winkler rettet sich in die alte Idee der Ungleichzeitigkeit, die Ernst Bloch einst angesichts der Nazi-Diktatur formuliert hatte. Der Verwestlichungsprozess verläuft eben nicht synchron. Es gibt immer Phänomene, die nachhängen, die nicht im selben Jetzt da sind, wie Bloch das damals formulierte, sondern ihm widersprechen, »sehr merkwürdig, schief, von rückwärts her«. Zu Blochs Zeiten konnte man noch auf den gemeinsamen zivilisatorischen Prozess vertrauen. Das ist heute nicht mehr möglich.

Das Weltmodell

Wir lernen in diesen Jahren schmerzhaft, dass es doch verschiedene Wege in die Moderne gibt; und dass diese Moderne nicht unbedingt aussehen muss wie das alte Europa. Der Anthropologe Eric Wolf hat sich in seinem Buch »Völker ohne Geschichte« über die gängigen Vorstellungen vom Gang der Geschichte lustig gemacht, »wonach das antike Griechenland das alte Rom hervorgebracht hat, Rom wiederum das christliche Europa, das christliche Europa die Renaissance, die Renaissance die Aufklärung und die Aufklärung politische Demokratie sowie die industrielle Revolution. Die Industrie wiederum soll – nachdem sie sich mit der Demokratie vermählt hat – die Vereinigten Staaten von Amerika gezeugt haben, die bekanntlich das Recht auf Leben und Freiheit sowie das Streben nach Glück verkörpern.« Am Ende dieser Geschichte und gleichsam als ihre Vollendung steht der »politische, kulturelle und moralische Triumph des Westens«.[1] Der »Westen als Weltmodell« (Thomas Schmid), so haben wir das in der Schule gelernt.

---

1 Eric Wolf, Die Völker ohne Geschichte. Europa und die andere Welt seit 1400, Frankfurt am Main 1986, zitiert nach Peter Frankopan, Licht aus dem Osten. Eine neue Geschichte der Welt, Berlin 2016, S. 14.

In seiner »neuen Geschichte der Welt« dreht der Historiker Peter Frankopan diese Blickrichtung kurzerhand um.[2] Nicht Westeuropa ist fortan das Drehkreuz der Menschheit, sondern der uralte Raum des Mittleren Ostens. Das Morgenland, wie man es auch genannt hat. Aber damit beginnen die alten Probleme wieder von neuem.

Die postkoloniale Geschichtsschreibung hat mit dem Anspruch Europas gründlich aufgeräumt, den einzigen Weg in die Moderne weisen zu wollen. Europa – und gemeint ist eigentlich der Westen – ist in den Augen dieser Historikergeneration nichts anderes als eine schlichte »Provinz«, wie es der indische Historiker Dipesh Chakrabarty in seinem berühmt gewordenen Buch formuliert hat, wobei der englische Titel »Provincializing Europe« die Intention noch deutlicher zum Ausdruck bringt. Es geht schlicht um *downgrading*. Dieses Europa gibt nicht mehr die Muster ab für eine zureichende Erklärung der Welt – und noch nicht einmal mehr für die des eigenen Kontinents.[3]

---

2 Peter Frankopan, a. a. O., S 14 ff.

3 Dipesh Chakrabarty, Europa als Provinz. Perspektiven postkolonialer Geschichtsschreibung, Frankfurt am Main/New York 2010.

Der Kampf um Picassos Kopf

Die Ausstellung über Parapolitik im Berliner »Haus der Kulturen der Welt« hat Ende 2017 die völlig berechtigte Frage aufgeworfen, ob man den Kanon der westlichen Moderne überhaupt rückwirkend globalisieren kann, ohne die ideologischen Strukturen und »institutionellen Narrative« in Frage zu stellen, die diesen Kanon »untermauerten und exportierten«. Das meint aber nichts anderes, als dass sich der Westen in der Systemauseinandersetzung mit der sowjetischen Welt der zeitgenössischen Künstler und ihrer Werke bediente, um dem eigenen Fortschrittsmodell das Gesicht der wahren Moderne zu geben.

Es blieb um diese Ausstellung merkwürdig still, obwohl sie brisante Belege präsentierte, wie wenig die Kunst in jenen Jahren sich selbst überlassen war und wie sehr sie zur ideologischen Waffe wurde. Beide Weltmächte standen sich nicht nur hochgerüstet gegenüber; beide sahen sich nicht nur in einer erbitterten Konkurrenz um die bessere Gesellschaft; beide wollten auch das ästhetische Gesicht der Zukunft zeigen – totalitär oder freiheitlich, realistisch oder abstrakt. Auch die Kunst folgte der unerbittlichen »binären Logik des kalten Krieges«.[1]

---

1 Ausstellung Parapolitik. Kulturelle Freiheit und Kalter Krieg, Haus der Kulturen der Welt, Berlin 2017. Katalog in Vorbereitung.

Dass der Osten die »großen Worte« stehlen konnte, hat den Westen damals mächtig beunruhigt. Dagegen wollte man den universell gültigen Anspruch der westlichen Kunst und Kultur formulieren. Welche Moderne war die wirkliche Moderne? Es war der »Kampf um Picassos Kopf«, wie Thomas Braden diesen Wettstreit nannte, den der legendäre »Kongress für kulturelle Freiheit« (CCF) mit Hilfe der amerikanischen Geheimdienste von Paris aus führte. Der freie Westen wurde zum Programm; sein Konflikt mit dem Osten zum Kampf um Aufklärung, Fortschritt und Zivilisation; Abstraktion meinte auch das Ablegen der kulturellen Kostüme. Der Fortschritt war weiß. Für die Westdeutschen war die Westbindung zudem eine politische Überlebensgarantie – und das Ticket für einen moralischen Neubeginn.

Es gibt wohl kaum einen eindrucksvolleren biographischen Beleg dafür als die Erinnerungen des Freiburger Politikwissenschaftlers Dieter Oberndörfer an seine erste Eisenbahnreise durch Frankreich. Er hat sie seiner dezidierten Absage an jegliche Rückkehr zum Nationalen vorangestellt.[2]

Wie viele junge Deutsche hatte Oberndörfer nach dem Krieg ein Stipendium für die Vereinigten Staaten bekommen. Die Schiffspassage musste er noch

---

2 Dieter Oberndörfer, Deutschland in der Abseitsfalle. Politische Kultur in Zeiten der Globalisierung, Freiburg im Breisgau 2005, S. 13.

von Cannes aus antreten, weil die kriegszerstörten deutschen Häfen nicht zur Verfügung standen. Also fährt der junge Student zusammen mit 200 Kommilitonen per Zug durch Frankreich bis ans Mittelmeer. Das war fünf Jahre nach Kriegsende. Der französische Schaffner, der ihn kontrolliert, erkennt in ihm den jungen Deutschen und fordert ihn barsch auf, die Vorhänge des Zugabteils zu verschließen. Die »Boches«, so sein Kommentar, müssten daran gehindert werden, mit ihren Blicken »das heilige Frankreich zu beschmutzen«. Bei ihrer Ankunft in Amerika wurden Oberndörfer und seine Gruppe als »the young Nazis« begrüßt. Man könne sich, schreibt er sechzig Jahre später, gar nicht mehr vorstellen, »wie sehr die Verbrechen des Nationalsozialismus das Ansehen aller Deutschen belastet haben, welche hohen Gebirge der Verachtung und des Misstrauens zu überwinden waren«. Und mit welcher Scham er selbst darauf reagierte.

Die Episode dieser Eisenbahnreise ist in mehrfacher Hinsicht aufschlussreich. Es ist – sieht man einmal von den besonderen Nachkriegsumständen ab – eine Reise, der die Anschauung genommen wurde. Es ist nicht nur eine Fahrt durch ein anderes Land; es ist die Reise in die neue Welt. Sie wird zu einer Passage, die der Verwandlung der jungen Deutschen dient. Der Reise haftet noch eine weitere Besonderheit an: Sie findet in einem modernen Massenverkehrsmittel statt, das den Raum zugunsten der Zeit zurücktreten lässt. Oberndörfer fährt nicht in ein anderes Land, sondern in seine politische Zukunft, was gleichwohl mit starken Gefühlen verbunden ist. Es reist auch eine Gruppe Studenten mit ihm, will sagen: die neue Generation junger Deutscher, die später einmal die Bundesrepublik repräsentieren soll. Ihr Patriotismus gilt – wenn überhaupt – nicht mehr dem eigenen Land, sondern allenfalls dessen Verfassung und den darin formulierten Grundrechten.

In diesem Sinne hat Dieter Oberndörfer ein akademisches Leben lang gewirkt, zuletzt und nach seiner Emeritierung noch an der Universität Rostock. Es galt, den Deutschen ein weiteres Mal dabei zu helfen, in der Kultur des Westens anzukommen, nach dem Vorbild der Bundesrepublik, deren »vorbehaltlose Öffnung« Jürgen Habermas einmal »zur »großen intellektuellen Leistung unserer Nachkriegszeit« erklärt hat, auf die seine Generation stolz sein könne.[3]

Für eine zutiefst beschämte Generation und ihre Kinder war der Bruch mit der eigenen Geschichte damals unausweichlich geworden. Man stellte sich aber – bis auf wenige Ausnahmen – der eigenen Vergangenheit nicht; man versuchte ihr zu entkommen. Daher rührt das merkwürdige heimat- und geschichtslose Lebensgefühl der alten Bundesrepu-

---

3 Jürgen Habermas, Eine Art Schadensabwicklung. Die apologetischen Tendenzen in der deutschen Zeitgeschichtsschreibung, in: Die Zeit vom 11. Juli 1986.

blik. Der Ersatz hieß Europa, aber mehr noch Amerika und der Westen. Er wurde zu einer »innerweltlichen Kirche«. Nirgendwo hat man mit solcher Inbrunst davon gesprochen wie in der alten Bonner Republik.[4]

Hans-Peter Schwarz hat die ersten Nachkriegsjahre als »ambivalente Periode« beschrieben. Aber das trifft nur das machtpolitische Kalkül der vor allem von Adenauer vorangetriebenen »Westbindung«. Eigentlich ging es um sehr viel mehr: um den Mentalitätswandel einer ganzen Gesellschaft. Erst dann, davon waren Vordenker wie Habermas überzeugt, »wenn die kulturelle Verwestlichung die Mentalität der gesamten Bevölkerung durchdrungen haben wird«, werde dieser Prozess irreversibel sein.

Das war nicht mehr die geopolitische Frage an die Mittelmacht Deutschland, wohin sie strategisch gehört, sondern die Forderung nach einer vollständigen kulturellen Konversion. Die Wiedervereinigung, so Habermas' große Sorge, würde diesen Prozess womöglich gefährden. »Jedes Stück Entwestlichung«, warnte der Historiker Jürgen Kocka noch im Herbst 1989, »wäre als Preis für die Einheit zu hoch.«[5]

---

4 Eberhard Straub, »Verwestlichung« als Erziehungsprogramm, in: Westbindung. Chancen und Risiken für Deutschland, herausgegeben von Rainer Zitelmann et al., Berlin 1993, S. 323 ff.

5 Jürgen Kocka, Nur keinen neuen Sonderweg, in: Die Zeit vom 19. Oktober 1990.

Aber wovor fürchtete man sich? Vor einer Sowjetunion, die vor aller Augen zerfiel? Vor einem neuen Russland, das die deutsche Wiedervereinigung unterstützt hatte? Vor postkommunistischen Gesellschaften, die mit Macht in den Westen drängten? Vor einem Gorbatschow, der in der DDR als Freiheitsheld gefeiert wurde?

James Hawes hat mit der ostelbischen Rückständigkeit argumentiert und dem bösen Preußen. Aber beides existierte schon lange nicht mehr; und im Falle der DDR hatte man es eher mit dem Erbe des Staatssozialismus zu tun als mit der Rückkehr der Junker. Westliche Soziologen wie Erwin K. Scheuch bezweifelten ohnehin, ob es eine »Gesellschaft der DDR« überhaupt je gegeben hat. Das böse Wort von den »Ossis«, das damals sehr schnell die Runde machte, entbehrte in seinen Augen jeder sozialen oder mentalen Grundlage. Im übrigen hieß die Beitrittsphilosophie der Wiedervereinigung ja gerade, aus Ostdeutschen gute Westdeutsche zu machen. Zu jener Zeit stellte das niemand in Frage.

Natürlich gab es neben den Aversionen gegenüber der sowjetischen Besatzungsmacht immer auch gewisse Sympathien für Russland, die nicht staatlich verordnet waren. Doch mit dem Russlandgeraune aus Weimarer Tagen hatte das nichts mehr zu tun. Die damalige Hoffnung konservativer Revolutionäre, mit Hilfe des Ostens das »Gift der Moderne« (Ernst Niekisch) loswerden zu können, hätte man nach der Wende von 1989 schlicht für absurd gehalten. Man wollte ja gerade zum Westen und dasselbe Leben führen wie die Menschen jenseits der Mauer. Selbst die Wähler der PDS wollten das.

Man muss die Gründe für die Ablehnung der Wiedervereinigung im Westen selbst suchen. Zur Gründungsidee der Bundesrepublik gehörte die Übernahme der Verantwortung für die deutsche Katastrophe, für die Verbrechen, die im deutschen Namen begangen wurden. Das Stuttgarter Schuldbekenntnis der evangelischen Kirchen hat das schon wenige Monate nach Kriegsende formuliert; und die 68er-Bewegung verstand sich als die moralische Neubegründung einer demokratischen Gesellschaft auf westdeutschem Boden. Doch nicht die räumliche Teilung Deutschlands war die eigentliche Konsequenz aus der deutschen Geschichte, sondern der rigorose Bruch mit ihr und ihren verhängnisvollen Traditionslinien. Dieser Bruch begründete eine demokratische Entwicklung, an der die Menschen in der DDR keinen Anteil mehr hatten. Das ist der eigentliche Grund, warum die Frage nach dem 68er-Erlebnis in der Beurteilung der DDR-Bürger immer wieder eine so große Rolle spielt. Das Fehlen dieser Erfahrung dient bis heute dazu, die autoritären Neigungen der Ostdeutschen zu erklären, ungeachtet des Umstandes, dass »68« im Osten mit der Niederschlagung des Prager Frühlings konnotiert war. Für die Westdeutschen begann mit »68« ein linkes Lebensgefühl, den Ostdeutschen ging es damals eher verloren. Prag war das Ende vieler Hoffnungen gewesen, dem Sozialismus doch noch ein menschliches Antlitz geben zu können. Im Westen hat man davon noch weitergeträumt.

So fern wie die Mongolei

Die DDR war den Westdeutschen so fern geworden wie die Mongolei, erklärte Franz Xaver Kroetz 1986 stellvertretend für seine Generation.[1] Sie war mir »immer wurscht«, erinnert er sich zwanzig Jahre später im Interview mit Lebert Kammertöns. »Heute, in der Erinnerung, finde ich sie viel sympathischer als damals.« Doch damals verschwand die DDR nach und nach aus dem Bewusstsein der Westdeutschen. Man hatte sich in der Teilung eingerichtet, und kaum jemand vermisste das Land jenseits von »Mauer und Stacheldraht«, in dem die Leute skurrile Autos fuhren und komischen alten Männern zujubelten. Es kursierten die merkwürdigsten Vorstellungen von einer zufriedenen »Nischengesellschaft«, die von sich selbst behauptete, eine erfolgreiche Wirtschaftsnation zu sein. Als gesellschaftliches Vorbild kam sie selbst für die westdeutschen Linken nicht mehr in Betracht; sie war zu spießig und zu autoritär. Die 68er begannen sich lieber mit ihrer Bundesrepublik zu arrangieren. Die verlorenen Söhne und Töchter kehrten nach Hause zurück.

---

1 Zitiert nach: Martin Walser, Über Deutschland reden, in: Die Zeit vom 4. November 1988.

Bernd Ulrich hat schon Anfang der neunziger Jahre beobachtet, wie sich die westdeutsche Linke im Zuge der Neuvereinigung Deutschlands »auch politisch rapide verwestlichte«. Vor 1989 wollten sie »weder westlich noch deutsch sein«, obwohl man »in Wirklichkeit doch beides war«. Der Fall der Mauer hat diese Linke »zu einer entschiedenen Parteigängerin des Westens« gemacht. In den folgenden dreißig Jahren hat sich daraus ein linker, um genauer zu sein: »grüner Patriotismus« entwickelt, der seine liberale Bundesrepublik mit aller Macht verteidigen wollte. Nirgendwo, so Heinrich August Winkler, werde der alten Bundesrepublik »so heftig nachgetrauert« wie bei der »posthumen Adenauerschen Linken«. Es ist trotzdem erstaunlich, mit welcher Emphase frühere K-Gruppenmitglieder, die dem Bonner Staat einst die politische »Verhausschweinung« nachsagten, dieses Land mittlerweile in Schutz nehmen. Eindrucksvoll nachzulesen im Buch des Vordenkers der Grünen und ehemaligen Leiters der Heinrich-Böll-Stiftung, Ralf Fücks, der seinen »Kampf um die offene Gesellschaft« in eine Liebeserklärung an die Bundesrepublik Deutschland gekleidet hat.[2]

Dort äußert sich ein unverhoffter Patriotismus, der die Republik in ihrer emanzipatorisch libertären Verfassung verteidigen will, weil er sie von den

---

2 Ralf Fücks, Freiheit verteidigen: Wie wir den Kampf um die offene Gesellschaft gewinnen, München 2017.

politischen Rändern her angegriffen sieht. »Was ausgemachte Sache zu sein schien«, schreibt Fücks, »multikulturelle Gesellschaft, religiöser Pluralismus, Abschied vom Patriarchat, sexuelles Kunterbunt, Einbindung nationaler Politik in multilaterale Institutionen«, das alles sei heute »wieder umkämpft«. Oder anders ausgedrückt: Dies alles gilt es im Sinne eines neuen grünen Konservatismus zu bewahren.

Baden-Württembergs Ministerpräsident Winfried Kretschmann, der schon immer im Ruf eines Konservativen stand, wirbt offen damit.[3] Er hat auch keine Scheu, dafür alte Begriffe wie Heimat oder Familie in Anspruch zu nehmen. Selbst die Nation sieht er nicht mehr im Widerspruch zur Idee der offenen Gesellschaft, aber das meint natürlich die westlich geprägte, die bundesrepublikanische Nation. Der neu hinzugekommene Osten spielt darin keine Rolle, was die Grünen immer vor Wahlen bemerken. Während sie im Westen zur neuen integrativen Partei geworden sind, betreibt die AfD im Osten die politische Desintegration. Dabei kreisen beide, so paradox das auch klingen mag, um die Frage, wie Deutschland beschaffen sein soll; wer zu ihm gehört und wer nicht.

---

3 Winfried Kretschmann, Das konservative Manifest: Zehn Gebote der neuen Bürgerlichkeit, Kulmbach 2018.

Phantomschmerzen

DIE Rede von Ostdeutschland hat ein altes Trauma verdeckt, das die junge Bundesrepublik jahrzehntelang umgetrieben hat: das Schicksal des wirklichen Ostens; der Landschaften jenseits von Oder und Neiße, aus denen die Vertriebenen stammten und auf deren Rückkehr man lange gehofft hatte. Der Mythos vom Drang nach Osten als der schicksalshaften Bestimmung der deutschen Geschichte hat bis weit in die Nachkriegszeit hinein überlebt. Vom »reißenden Hinausströmen deutschen Geistes über den Norden und Osten«, hatte Heinrich von Treitschke einst gesprochen; sehr viel anders klang das auch in den fünfziger Jahren nicht. Es war die Klage um die verlorene Heimat; aber sie hatte eine hochpolitische Funktion: Die Frage der deutschen Ostgebiete sollte im Bewusstsein der Nachkriegsgesellschaft offengehalten werden.

Dieselbe Forschergeneration, die in der Nazizeit die Stichwortgeber der nationalsozialistischen Eroberungs- und Vernichtungspolitik waren und den berüchtigten »Generalplan Ost« formuliert hatten, gab zu großen Teilen auch nach Kriegsende den Ton wieder an. Namhafte Vertreter der deutschen Geschichtswissenschaft waren darunter, deren Schüler später auf vielen Lehrstühlen saßen und denen die Abrechnung mit ihren Lehrern keineswegs leichtfiel. Wenn man so will, war die Beschäftigung mit dem Osten gleich mehrfach kontaminiert: durch die deutschen Verbrechen im Osten; durch Flucht und Vertreibung; durch den vehementen Antikommunismus der Nachkriegszeit und die Spaltung Europas. Die traumatischen Erfahrungen in der sowjetischen Besatzungszone kamen hinzu: Vergewaltigt haben vor allem die »asiatisch-bolschewistischen Horden«. Auch die neue Ostforschung, so der Historiker Wolfgang Wippermann, war im Grunde die alte, und sie diente wiederum der Politik, nur dieses Mal zur antitotalitären Selbstvergewisserung der jungen Bundesrepublik.

Als Schüler des Marburger Mediävisten Walter Schlesinger, der wohl als erster den gängigen Vorstellungen von der deutschen Ostkolonisation den Rücken kehrte, bricht Wippermann den Stab über die gesamte deutsche »Ostforschung«.[1] Das ist in seiner Pauschalität sicher nicht gerechtfertigt. Neben der Mehrzahl der durch ihre NS-Vergangenheit belasteten Forscher gab es auch eine ernstzunehmende Tradition in der wissenschaftlichen Beschäftigung mit dem Osten. Dabei fällt immer wieder der Name des Leipzigers Otto Hoetzsch. Den Fachkollegen galt er als russophil, für die Nationalsozialisten war er »probolschewistisch«. Aber

1 Wolfgang Wippermann, Die Deutschen und der Osten. Feindbild und Traumland, Darmstadt 2007.

selbst der höchst umstrittene Hermann Aubin wird inzwischen wieder zitiert.

Vom Verschwinden des ehemals deutschen Ostens aus den Köpfen und dann von den Landkarten war auch die deutsche Ostforschung betroffen. Ihr Gegenstand hatte sich aufgelöst und entstand auch nicht wieder. Man muss sich nur die Selbstbeschreibung des 1989 gegründeten »Bundesinstituts für Kultur und Geschichte der Deutschen im östlichen Europa« durchlesen, um zu merken, wie schwer man sich mit diesem Erbe immer noch tut. Das Bild vom deutschen Osten ist zerbrochen, und seine Trümmer will hierzulande keiner mehr haben. Das Standardwerk zu den Konventsburgen im Deutschordensland Preußen schreibt der polnische Kunsthistoriker Tomasz Torbus; Christofer Herrmann, der beste Kenner der Marienburg, lehrt heute in Danzig; und Robert Traba, einer der brillanten Köpfe der polnischen Geschichtswissenschaft, hat in Allenstein die Kulturgemeinschaft Borussia gegründet.

Die Öffnung der Grenzen nach 1989 hat in Deutschland tatsächlich zu der Frage geführt, ob es überhaupt noch eine eigenständige Geschichtsschreibung für Osteuropa geben müsse. Denn auch dieser Teil Europas schien ja künftig dem westlichen oder richtiger: dem transnationalen Paradigma zu unterliegen. Die Antwort hat sich zum Glück erübrigt. »Wahrscheinlich gibt es kein anderes Land, in dem die Beschäftigung mit Osteuropa so breit, so intensiv, so reich und institutionell so wohl verankert betrieben wird wie in Deutschland.«[2]

In diesen Jahren ist viel vom Verschwinden der Erlebnisgeneration die Rede. Die letzten Zeitzeugen sterben, und wir fragen uns besorgt, wie wir ihre Erinnerungen bewahren können. Das gilt auch für die Generation derer, die im deutschen Osten geboren wurden, die noch Kindheitsbilder von dort haben und noch die alten Dialekte sprechen. Wie lange kann man den ostpreußischen Tonfall noch hören? Wie lange noch schlesische Mundart? Oder das Deutsch, das in Siebenbürgen gesprochen wird? Auch das ist eine Form von kulturellem Artensterben. Es gehen jetzt fast tausend Jahre Kulturgeschichte zu Ende. Doch in unserem Land dreht sich fast niemand mehr um.

Der Verlust der östlichen Heimat hat sich in ein ostentatives Bekenntnis zum Westen verwandelt, dessen innere Tragik wir kaum mehr verstehen. Dieser Tage ist eine neue Biographie über Gräfin Dönhoff erschienen, die den östlichen und den westlichen Teil ihres Lebens auf kluge Weise verbindet. Unsere Zeit will offenbar noch einen allerletzten Blick auf diesen deutschen Osten erhaschen, bevor er endgültig der Vergangenheit angehört. Marion Gräfin Dönhoff hat die Ostpolitik Willy Brandts

---

2 Karl Schlögel, Den Verhältnissen auf der Spur. Das Jahrhundert deutscher Osteuropaforschung; in: Zeit im Spiegel. Das Jahrhundert der Osteuropaforschung, Osteuropa 2–3/2013, S. 7 ff.

unterstützt, aber der Unterzeichnung der Ostverträge wollte sie nicht beiwohnen. Auf den Verzicht der eigenen Heimat, so ihre Begründung, stößt man nicht mit Champagner an.

Vor diesem Hintergrund versteht man vielleicht besser, warum Karl Schlögels Essay »Die Mitte liegt im Osten« ein solcher Paukenschlag war. Zehn Jahre zuvor wäre er sicher verhallt. Doch plötzlich stand ein Begriff wieder im Raum, der wie aus einer anderen Zeit in die unsrige ragte: Mitteleuropa. Die Reaktionen waren erwartbar. Das sei doch nur ein Phantom, beschied exemplarisch der Germanist François Bondy; seine Mutter stammte aus Ungarn, der Vater stammte aus Prag. Bei Milan Kundera klingt das ganz anders. Mitteleuropa sei zwar kein Staat, aber »es ist Kultur und Schicksal«.

Das Grab des Vogelprofessors

DIE erste Reise nach Ostpreußen führte mich – wie könnte es anders sein – auf die Kurische Nehrung. Meine Reiseführerin sprach Deutsch; sie hatte als Offiziersfrau in Halle gelebt. Ihre beste Freundin besaß auch ein Auto. So fuhren wir alle zusammen nach Rossiten, das heute Rybatschi heißt. Dort steht die berühmte Vogelwarte des Vogelprofessors Johannes Thienemann. Die Russen haben sein Erbe bewahrt.

Es war eine lange, stille Fahrt durch die Wälder. Gegenverkehr gab es kaum. Plötzlich bogen die beiden Frauen von der Hauptstraße ab. Wir rumpelten einen Waldweg hinunter. Am Ende des Wegs öffnete sich eine Lichtung; in der Mitte sah ich ein Grab. Es wirkte gepflegt, sogar das umfassende Eisengitter schien frisch gestrichen. »Der Vogelprofessor ist dort beerdigt«, sagte meine Dolmetscherin. »Wir Königsberger Frauen kümmern uns um sein Grab.« Rostschutzfarbe bräuchten sie noch. Das Seeklima tue dem Eisengitter nicht gut. »Johannes Thienemann«, stand auf dem Grabstein; und darunter: »Großer Gott wir loben Dich«. Es ist das einzige noch erhaltene Grab des alten Friedhofs von Rossiten. Der Rest ist unter den Farnen verschwunden.

Auch den alten Roßgärtner Friedhof in Königsberg kann man kaum noch erkennen. Man hat ihn abgeräumt, wie viele andere auch, und die Grabsteine als Bodenplatten verwendet. »Dort, wo die Friedhöfe noch vorhanden sind«, notiert Schlögel, »sagt der Zustand der Pflege oder Verwahrlosung, wie es die Lebenden mit den Toten halten.«[1]

Der Königsberger Dom steht mitten im Nichts. Man ahnt nicht einmal mehr, wie die alte Kneiphofinsel vor dem Krieg wohl aussah. Bei meinem ersten Besuch waren die Backsteinmauern der zerbombten Ruine schon wiedererrichtet. Das Dach war geschlossen, und im Innenraum wurde heftig gebaut. Ein stämmiger Mann mit der harten Stimme des Militärs kommandierte die Arbeiter. Das sei der Dombaumeister, erklärten mir meine Begleiterinnen: Igor Alexandrowitsch Odinzow. Er kam von der Krim und war in seinem ersten Leben Offizier der sowjetischen Armee gewesen. Als Bauingenieur hatte er früher Kasernen gebaut. Von Denkmalpflege besaß er keine Ahnung. Aber als es nach dem Ende der Sowjetunion darum ging, den Dom wiederaufzubauen, bekam seine eigens dafür gegründete Firma »Katedralnyj Sobor« den Zuschlag. Der Dom wurde zu seiner Lebensaufgabe, das Schwerste, aber auch Schönste, wie er sagt, was er in seinem Leben gemacht hat.

Zu dem deutschen Besucher, der plötzlich vor ihm stand, sagte er einen denkwürdigen Satz: »Ich

---

1 Karl Schlögel, Im Raume lesen wir die Zeit. Über Zivilisationsgeschichte und Geopolitik, München 2003, S. 439.

baue den Krönungsdom der preußischen Könige wieder auf; jetzt müsst ihr Deutschen euch auch dafür interessieren.« *Kenigsbergskij sobor* heißt er im offiziellen Sprachgebrauch; von Kaliningrad reden vor allem wir Deutschen.

Es hat Jahre gedauert, bis die Idee zu einem Eröffnungskonzert reifte. Aber als an einem bitterkalten Abend im Januar 2006 das MDR-Sinfonieorchester dann tatsächlich spielte, war die ganze Stadt in Erwartung. Sie wolle noch einmal ein deutsches Orchester hören, sagte mir eine alte Frau. Dafür sei sie den langen Weg zu Fuß gegangen von ihrer Wohnung am Stadtrand bis zum Dom in der Mitte. 1992 hatte man im Zuge der Aufräumarbeiten im Turmzimmer des südlichen Westwerks, der ehemaligen Konfirmandenstube, ein Massengrab mit Kindergebeinen entdeckt. Man hat sie an der Südflanke des Langschiffes beerdigt, nur einen Steinwurf weg vom Grabmal Immanuel Kants. Ein steinernes Kreuz markiert heute die Stelle.

Überhaupt Kant. Auf ihn konnte man sich immer verständigen. Bis der russische Kulturminister Medinski auf den Gedanken kam, den Königsberger Flughafen nach ihm benennen zu wollen. Kant war der Favorit. Doch die Militärs von der Baltischen Flotte wollten lieber den Sowjet-Marschall Wassilewski, der den Sturm auf Königsberg kommandiert hatte. Am Ende siegte die Zarin Elisabeth Petrowna, und Kants Denkmal wurde beschmiert. Der Täter hatte die Farbe in einer Cognacflasche abgefüllt der

Marke: »Altes Königsberg«. Bis zum ewigen Frieden ist es noch weit.

Wie kaum ein anderes Bauwerk ist dieser Königsberger Dom zum Sinnbild des untergegangenen deutschen Ostens geworden. Die Menschen, die Stalin einst ansiedeln ließ, bauen ihn wieder auf; sein altes Geläut ist heute im Westen. Die große Silberglocke hängt auf Schloss Burg im Bergischen Land; die Stundenglocke hat auf dem Hamburger Glockenfriedhof überlebt und läutet im Benediktinerkloster Bursfelde an der Weser; die dritte der fünf Glocken hängt im Turm von St. Georg in Westerwanna bei Cuxhaven. Auf der Replik im Dom aber steht heute die Inschrift: »Gegossen in Kaliningrad, vorm. Königsberg A. D. 1995«.

Wenn man auf solche Spuren trifft, hat man das dringende Bedürfnis, die beschlagenen Scheiben wieder freireiben zu wollen, durch die wir unsere Geschichte im Osten betrachten. Als in der Schlosskirche zu Wittenberg die Glasfenster für das Reformationsjahr restauriert werden sollten, ging der Streit in der zuständigen Ministerialbürokratie allen Ernstes darum, ob man die deutschen Namen der Reformationsstädte in Ostpreußen, Pommern und Posen überhaupt wiederverwenden dürfe.

An Königsberg lässt sich übrigens der Mechanismus der moralischen Geographie am eindrucksvollsten widerlegen. Königsberg war die vielleicht preußischste Stadt am östlichsten Rand Preußens, am weitesten weg von der magischen Elbe. Aber Königsberg war zutiefst liberal und berühmt für sein selbstbewusstes, weltoffenes Bürgertum. Hannah Arendt hielt bis zu ihrem Tod daran fest. »In meiner Art zu denken und zu urteilen, komme ich immer noch aus Königsberg.«[2]

Dass sich die polnische Kunstgeschichtsschreibung mit dem Erbe Königsberg und des Deutschen Ordens beschäftigte, bedarf keiner Erklärung mehr. Im Gegenteil, die polnischen Forscher füllen heute vielfach die Lücken, die in Deutschland gelassen werden, und sehen sich selbst als »Vermittler« einer großen Tradition. Der Warschauer Kunsthistoriker Tomasz Torbus erzählt ganz unbekümmert von seiner kindlichen Begeisterung für dieses Erbe: »Bekanntlich durchschneidet die am Ende des 19. Jahrhunderts errichtete, heute Warschau mit Danzig verbindende Bahnlinie die Vorburg Marienburgs. Man fuhr also auf dem Weg zum Strand durch den Burgkomplex und staunte jedesmal. Dem Kind wurde erzählt, bei den Deutschordensburgen handele es sich um eine Art Würfel aus roten Ziegeln. Das aber führte dazu, dass es eine zeitlang in jeder zweiten masurischen Scheune eine Burg zu entdecken glaubte. Im Kindesalter erforschte der Autor aber immerhin bereits Thorn, Birgelau, Papau, Schwetz, Osterode und Marienburg; nicht aber

2 Zitiert nach: Andreas Kossert, Kalte Heimat: die Geschichte der deutschen Vertriebenen nach 1945, München 2008, S. 19.

Rehden, da sich der Vater in Graudenz verfahren hatte und ein Familiendrama drohte.«

Dieser so »fabulös anmutende Rückblick in die Kindheit soll veranschaulichen, wie tiefgreifend und zugleich selbstverständlich das Thema der Ordensburgen für einen Warschauer und heutigen Wahlhamburger sein kann«.[3]

Spannend wäre die Frage, wer von den heutigen Hamburgern im Gegenzug überhaupt einen dieser Namen noch kennt, die Torbus ganz selbstverständlich erwähnt. Ostpreußen ist eine leere Tafel geworden. Die deutschen Namen schreiben heute unsere östlichen Nachbarn darauf.

---

3 Tomasz Torbus, Die Konventsburgen im Deutschordensland Preußen, München 1998, S. 11.

Namen, die keiner mehr nennt

DER Historiker Andreas Kossert hat das Schicksal der deutschen Vertriebenen anders aufgeschrieben, als es in der westdeutschen Geschichtsschreibung normalerweise geschieht. Er hat in seinem Buch »Kalte Heimat« den Mythos von der geglückten Integration gründlich erschüttert.

»Aus ihrem Land waren sie vertrieben worden und in unserem wurden sie nicht heimisch«, schrieb Christoph Hein in seinem Roman »Landnahme«. »Sie hatten sich bei uns niedergelassen, sie hatten in unserer Stadt ihr Quartier aufgeschlagen, aber eigentlich bewohnten sie ihre verschwundene Heimat. Fortwährend sprachen sie darüber, was sie alles verloren hatten, und davon wollte keiner in der Stadt etwas hören.«[1]

Meine Kindheit war geprägt vom Anblick der neuen Vertriebenensiedlungen, die man neben die alten Ortskerne gesetzt hatte. Schmale Reihenhäuser mit abgeschrägten Windfängen und dem vergitterten Klofenster neben der Haustür. Puderfarbige Fünfziger-Jahre-Moderne. Ich sehe auch noch die kleinen Schweinekoben, die man dort angebaut

---

1 Christoph Hein, Landnahme, Frankfurt am Main 2004, zitiert nach: Andreas Kossert, Kalte Heimat, Die Geschichte der deutschen Vertriebenen nach 1945, München 2008, S. 11.

hatte, um den Bewohnern ein Minimum an Eigenversorgung zu ermöglichen. Das hat sie ganz unbeabsichtigt in die Nähe bäuerlicher Subsistenzwirtschaft gerückt, was vergessen machte, dass im Osten eine große Kulturlandschaft untergegangen war.

Die Straßen trugen die großen Namen des deutschen Ostens: Tilsit, Königsberg, Breslau und Eger. Aber der Eindruck der alten Heimat sollte ein flüchtiger bleiben. Mehr als ein paar Anklänge durfte es nicht mehr geben. Die Besatzungsmächte im Westen achteten sehr genau darauf, dass keine geschlossenen Siedlungsgebiete entstanden. So sollten »soziale Kontakte untereinander verhindert und eine rasche Verschmelzung mit den Einheimischen erzwungen werden«, wie der »Spiegel«-Autor Norbert Pötzl zutreffend schreibt. Sein Beispiel einer kleinen donauschwäbischen Gemeinde spricht Bände. Deren zweitausend vertriebene Einwohner wurden auf 158 Ortschaften im Westen verteilt. Günter Grass notiert dazu bitter, man habe »die ostdeutschen Provinzen gleich zweimal verloren«; durch den selbstverschuldeten Krieg, aber auch durch die »Fehler der Nachkriegszeit«.[2]

Gustav Seibt beschreibt, wie die elementare Erfahrung von Flucht und Obdachlosigkeit einbetoniert wurde in der »sichtbaren Oberfläche« der Nachkriegsgesellschaft, in den Hunderttausenden

---

2 Norbert F. Pötzl, Hitlers letzte Opfer, in: Der Spiegel, Spiegel Geschichte 1/2011, S. 120.

Eigenheimen, in ihrer penibler Reinlichkeit, ihrer heimatlosen, frostig anmutenden Gleichförmigkeit und ihren überheizten Wohnzimmern. Die Vertriebenensiedlungen wurden zum Prototyp für die kriegszerstörten Städte im Westen; urbane Dekontaminierungszonen für eine ihrer Geschichte entwöhnte Gesellschaft.

Was heute als Paradebeispiel der gelungenen Integration gesehen wird, hatte auch eine Schattenseite. Die Vertriebenen zahlten dafür mit der »Verleugnung ihres Schmerzes und kultureller Selbstaufgabe«, schreibt Andreas Kossert, der dieses Thema überhaupt erst wieder ins öffentliche Bewusstsein zurückgeholt hat. »Schlesier, Ostpreußen, Pommern, Deutschböhmen und Banater Schwaben, die über Jahrhunderte beigetragen haben zur Vielfalt der deutschen Identität, hatten fern der Heimat nichts mehr zu melden. Sie mussten sich anpassen im Westen ihres Vaterlandes, das ihnen zur kalten Heimat werden sollte.«[3] Ihr Schicksal, das in den Nachkriegsjahren eine enorme soziale Sprengkraft besaß, wurde zum Nischenthema, um das sich vor allem die Landsmannschaften und Vertriebenenverbände zu kümmern hatten. Und deren Bedeutung nahm ab.

Dass man die schätzungsweise zwölf Millionen Vertriebenen im Westen nicht mit offenen Armen aufnahm, hatte unbestreitbar auch materielle

---

3 Andreas Kossert, a. a. O., S. 16.

Gründe. Allein die Frage des fehlenden Wohnraums in den zerbombten Städten war heikel genug. Das erklärt trotzdem nicht in Gänze die Ablehnung, die den heimatlos gewordenen Landsleuten aus dem Osten entgegenschlug. Selbst amerikanische Besatzungsoffiziere wunderten sich über die »Gleichgültigkeit und mangelnde Hilfsbereitschaft«. Kossert hat dafür eine psychologische Erklärung parat. Diese Millionen Vertriebenen hätten wie ein physischer Beweis gewirkt, »dass der Krieg verloren war«. Das mag sein. Trotzdem begegnen wir auch in ihrem Fall einer sattsam bekannten Semantik. Als Polacken hat man die Vertriebenen beschimpft und ihre Siedlungen als »Neukorea oder Bolschewikien« verspottet. Und Konrad Adenauer, der sehr wohl auf die wichtigen Wahlstimmen aus der Vertriebenenwelt achtete, soll sich über die Anstellung schlesischer Schulräte in seinem Rheinland beklagt haben: »Wir wollen den ostischen Geist hier nicht haben.«[4] Kossert zitiert eine besorgte Stimme aus der Westfälischen Landessynode vom November 1948, wonach sich Millionen Menschen im deutschen Volk gerade in »asoziale Typen« verwandeln würden. »Sie gehören nirgendwo hin.«

Man wundert sich heute, wie es überhaupt möglich war, dass der ehemals deutsche Osten mit historischen Landschaften wie Ostpreußen oder Schlesien und bedeutenden Städten wie Breslau,

---

4 Kossert, a. a. O., S. 16.

Königsberg oder Brünn »innerhalb einer Generation aus dem kollektiven Gedächtnis verschwinden« konnte. Versteht man unter dem deutschen Osten wirklich nur noch die DDR, fragt sich der Historiker Rudolf von Thadden, oder evoziert dieser Begriff auch noch Gedanken an untergegangene Lebenswelten jenseits von Oder und Neiße?

Es gehört zu den Überraschungsmomenten der deutschen Wiedervereinigung, dass wenigstens einige dieser verschollenen Namen plötzlich wieder auftauchten, Vorpommern etwa, das die sowjetische Militäradministration 1947 aus dem offiziellen Sprachgebrauch getilgt hatte; oder Niederschlesien, das in seinem westlichsten Teil noch über die Neiße ragte. Heute steht an der Autobahn vor Görlitz sogar eine Hinweistafel darauf. Wie überhaupt das Interesse an diesem Teil der deutschen, aber sehr wohl auch europäischen Geschichte zu wachsen beginnt. Beispiele gibt es zuhauf: Jürgen Mantheys Annäherung an die große liberale Tradition Königsbergs, die Geschichte Breslaus als »Blume Europas« von Norman Davies und Roger Moorhouse; Jürgen Serkes Wanderungen durch die verlassene literarische Landschaft Böhmens, Uwe Radas Flussbiographien über die Oder, die Memel und Elbe.

Auffallend ist das große Interesse junger polnischer und tschechischer Historiker und Schriftsteller, diese weißen Flecken auf der historischen Landkarte wieder zu füllen; die Tabuzonen zu beschreiten, die ein verbrecherischer Krieg hinterlassen hat. So stellte sich ein junges tschechisches Autorenkollektiv 2006 ganz offen die Frage, »was im Sudetenland verschwunden ist und was von ihm blieb«. Die Antwort ist ein beeindruckender, viele hundert Seiten starker Ausstellungskatalog, der enormen Zuspruch erhielt und bis heute nachgefragt wird. Er zeigt die historischen Landschaften von damals im harten Kontrast zu den entleerten Fotografien von heute. »Erst wenn wir auf plötzlich endenden Wegen entlang von Lesesteinmauern laufen«, heißt es im Vorwort, »die keine Wiesen und Felder voneinander trennen, sondern riesige Flächen mit Unkraut und Gebüsch, an Hängen mit verdorrten Stämmen von Apfel- und Birnbäumen, erst wenn wir an den Resten menschlicher Siedlungen vorbeigehen, die nur ein Botaniker bestimmen kann, werden wir begreifen, was wirklich verschwand.«[5] Es bleiben noch viele Fragen, schreiben die jungen Autoren. Aber genau diese Fragen, die »sind das heutige Sudetenland – to jsou dnešní Sudety«. Sie formulieren auch eine Hoffnung: Das Sudetenland soll kein Reizwort mehr sein; sie wollen, dass es für einen Neuanfang steht.

Ich begreife plötzlich, dass diesem Sudetenland längst auch eine andere Sehnsuchtsperspektive gilt. Nicht mehr nur der weite Blick von der Burg Ho-

---

5 Petr Pithart, Was im Sudetenland verschwunden ist und was von ihm blieb, in: Antikomplex a Kolektiv Autoru, Zmizelé Sudety/Das verschwundene Sudetenland, Katalog, Domazlice 2007, S. 13.

henberg ins Egerland, das von dort oben fast zum Greifen nah scheint; auch der Blick junger Tschechen in der umgekehrten Richtung auf ein *pohraničí*, ein Grenzland, das man endlich als zugehörig betrachtet und aus seinem geschichtlichen Verschüttetsein befreien möchte. »Für denjenigen, der in ihr zu lesen versteht«, schreiben die Autoren, »ist die Landschaft ein sehr viel verlässlicherer Führer durch das eigene Schicksal als ein großer Teil der menschlichen Versuche, die eigene Geschichte zu interpretieren. Die Landschaft agitiert nicht, sie ist konkret und sachlich.« Ganz ähnlich formuliert das die polnische Erinnerungsforschung auch für Ostpreußen.

Im Register suche ich nach Jeseník, dem einstigen Freiwaldau, der »Perle des Altvatergebirges«, wie man den Ort nannte. Mein Kindermädchen ist dort aufgewachsen, bis sie mit der gesamten Familie vom Hof vertrieben wurde. Man hat uns noch die Ernte einbringen lassen, hat sie mir später einmal erzählt; dann mussten wir gehen. Vor Jahren war sie einmal wieder dort. Doch von ihrem Hof waren nur noch ein paar Steine übriggeblieben. Sie wurde eingeladen, vor Schülern zu sprechen. Die müssen doch wissen, was dort einmal war. Wer kann es ihnen nach meiner Generation überhaupt noch erzählen? Im Ausstellungskatalog sieht man die Feldflur von damals und heute. Auch das Landschaftsbild hat sich dramatisch verändert.

»Königgrätz geht durch mein Herz«, sagt Winterberg. Mit diesem rätselhaften Satz beginnt nicht nur der Roman »Winterbergs letzte Reise« des tschechischen Schriftstellers Jaroslav Rudiš, sondern auch eine einfühlsame Rezension der Literaturkritikerin Nicole Henneberg.[6] Rudiš nimmt seine Rezensentin mit in den »Sog der ineinander verknoteten Geschichte zweier böhmischer Reisender«, einem alten Sudetendeutschen, der vor seinem Tod noch einmal in die frühere Heimat möchte, und seinem Reise- und Sterbebegleiter, einem aus politischen Gründen geflohenen Tschechen. Zum Logbuch dieser Reise wird der »Baedecker« von 1913, der letzte des Habsburgerreichs. »Er bewahrt«, schreibt Nicole Henneberg, »im Detail eine verschwundene Welt, von der nur noch wenige, allerdings sehr prägnante Spuren existieren – wenn man sie zu lesen versteht.«

Das wird man der Rezensentin sofort zubilligen. Trotzdem ist es amüsant, mit welchem eigenen intellektuellen Rüstzeug sie sich selbst auf die Reise begibt. Für die in Paris ausgebildete Philosophin wird das Schienengeflecht des Habsburgerreichs zum »historischen Rhizom«; als illustre Ahnen dieser »hochkomischen Roadnovel« nennt sie als erstes Charlie Chaplins »The Tramp« und Sal Paradise in Jack Kerouacs »Unterwegs«. Den Weg nach Westen hat Winkler als einen langen beschrieben; der Rückweg nach Osten ist noch viel länger.

---

6 Nicole Henneberg, Die Verteidigung von Mitteleuropa, in: Der Tagesspiegel vom 14. Februar 2019.

Historische Tiefenenttrümmerung

Die DDR wollte mit dem ehedem deutschen Osten nichts mehr zu tun haben, ausgelöscht hat sie die Erinnerung an ihn nicht. Schon die geographische Nähe ließ das nicht zu. Kurz hinter der Haltestelle »Schlesisches Tor« in Berlin-Kreuzberg war einst Westberlin zu Ende. Man wundert sich, dass dieser Name überhaupt noch existiert. Die SED hat solche Hinweisschilder – wo es ging – übertünchen lassen, wie man das mit Fresken in mittelalterlichen Kirchen tat. Aber die Schriftzüge blieben darunter häufig erhalten. Sie traten wieder zutage, als die DDR zu bröckeln begann. An die Tiefenenttrümmerung der deutschen Geschichte hat sich erst die vereinigte Bundesrepublik gemacht. Jetzt wurde so gründlich saniert, dass selbst die Untergründe verschwanden.

Mitteldeutschland war so ein Überrest, den es nach der Wende noch gab. Für einen kurzen Moment schienen sich seine Umrisse noch einmal abzuzeichnen, aber dann verschwanden sie von der politischen Landkarte. Auch das kann man als Tiefenenttrümmerung sehen. Die historische Mitte wurde zum Osten, und der frühere Osten ging aus dem Land. Von neuen Bundesländern ist heute die Rede, aber das ist historisch gesehen ziemlich absurd.

Die Rechnung ist auch nicht aufgegangen. Das Wissen darum, was einmal Mitteldeutschland war, hat man in Thüringen, in Sachsen und selbst Sachsen-Anhalt nicht völlig vergessen. Auch wenn es keinen gemeinsamen politischen Willen mehr gibt. Die Geschichte lässt sich ohne die alten Koordinaten nicht verstehen: die Bedeutung der preußischen Provinz für das heutige Sachsen-Anhalt oder die langen Traditionslinien des Hauses Wettin. Die friedliche Revolution nahm ihren Anfang in Sachsen, im vogtländischen Plauen, in Leipzig und Dresden. Nicht der Osten hat rebelliert, sondern die alte, die historische Mitte.

Mitteldeutschland blieb ein Kunstbegriff, der sich nicht mit politischem Leben füllen ließ und von dem in der Wendezeit auch keine ordnende Kraft ausging. Selbst die 1997 aus dem sächsischen Industriedreieck entstandene »Metropolregion Mitteldeutschland« blieb ein loser Zusammenschluss, aus dem sich Dresden und Magdeburg bereits 2013 wieder verabschiedeten. Das Bedürfnis nach der eigenen, überschaubaren Heimat schien von Anfang an größer. Was die Menschen damals bewegte, war die Wiederentstehung des eigenen Landes und die Frage, wo die Grenzen verlaufen zwischen den ehedem thüringischen, sächsischen oder preußischen Gebieten.

Selbst während des Reformationsjubiläums 2017 tat man sich schwer, über den eigenen regionalen Raum hinauszuwirken. Luther wurde zum Ereignis der Landesgeschichte. Wittenberg wetteiferte mit Eisleben, Erfurt mit Eisenach, Torgau mit Leipzig. Als das Reformationsjahr dann in der Schlosskirche zu Wittenberg mit einem Festakt eröffnet wurde, hat der Bundespräsident Gauck jeden Hinweis peinlich vermieden, dass diese Schlosskirche nicht nur der spätmittelalterliche Schauplatz des Thesenanschlags war, sondern die Antwort des preußischen Kulturprotestantismus auf das katholische Rheinland. Das waren die Blickachsen gewesen, als man noch eine Vorstellung von deutscher und preußischer Geschichte hatte.

Dass von Halle die deutsche Frühaufklärung ausging, in Dessau nach einer Formensprache für das Industriezeitalter gesucht wurde, Weimar und Jena einer Epoche den Namen gaben, Leipzig zum Zentrum der deutschen Buchkultur wurde, das alles fügt sich heute nicht mehr zu einem gemeinsamen Bild. Dass diese »mythische deutsche Mitte« (Jürgen John) im 19. Jahrhundert überhaupt zur großen Projektionsfläche unterschiedlichster geistiger, sozialer und politischer Strömungen werden konnte, kann man sich heute kaum mehr vorstellen. Es gab Pläne einer politischen Neuordnung Mitteldeutschlands im Zuge der Reichsreform in der Weimarer Zeit; aber wirksam geworden sind sie nicht.

Auszug aus dem Wasserwerk

Mit der Einheit und durch die neugebildeten Länder Mitteldeutschlands verschoben sich zwangsläufig die Gravitationszentren der Republik. Man hat das im Westen lange nicht wahrhaben wollen. Die Bonner Republik lebte nicht mehr im Bewusstsein eines Provisoriums und sah für sich auch keinen Veränderungsbedarf. Der Weg in die östlichen Geschichtslandschaften war versperrt gewesen, die Wiedervereinigung in weite Ferne gerückt, und der Nationalstaat galt als überholt. Die alte Bundesrepublik sah sich auf dem Weg nach Europa, wenn nicht sogar in eine globalisierte Welt.

Auf den Ruf nach der Einheit hatte niemand gewartet. Er kam 1989 für die meisten wie aus einer anderen Zeit. Man muss dem Bonner Staatsapparat zugute halten, dass er erstaunlich effizient mit der entstandenen Situation umgegangen ist. Der Einigungsvertrag ist trotz mancher Lücken ein imponierendes Dokument staatlichen Handelns. Das viel größere Problem wurde das Selbstverständnis dieses vereinigten Landes. Die DDR wurde zum Beitrittsgebiet und die Einheit zum Aufbau Ost. Man tat sich im Westen lange schwer, die, wie Schlögel es nennt, »Auflösung einer staatlichen, politischen, sozialen und kulturellen Einheit mit dem Namen Nachkriegsdeutschland« zu akzeptieren.[1]

Trotz gewaltiger Anstrengungen für den Aufbau Ost darf man die historische Mitgift nicht übersehen, die mit in die Einheit kam. Deutschland wurde nicht »östlicher«, wie es so häufig hieß; sein Geschichtsstrom kehrte vielmehr in sein altes Flussbett zurück. Mit jedem Jahr, das die Einheit bestand, schien auch der alte Westen unwirklicher zu werden. Es konnte gar nicht ausbleiben, dass die Ereignisse von 1989 die alte Bundesrepublik zu verändern begannen.

Bei den wütenden Protesten gegen die großen Rekonstruktionsvorhaben der Berliner Republik, wie die Dresdner Frauenkirche, das Berliner Schloss oder die Frankfurter Innenstadt, ging es vordergründig um die Ablehnung falscher Symbole; in Wahrheit fürchtete man aber die Rückkehr einer deutschen Geschichte, die zur eigenen Traditionsbildung in unerwartete Konkurrenz treten könnte: Paulskirche gegen Preußenschloss, Hambach gegen Wartburg, Bonner Wasserwerk gegen Reichstag; der republikanische Westen gegen den unzeitgemäßen Osten. Was das heißt, konnte man in der Hauptstadt beobachten: Der alte Westen am Kurfürstendamm hat schnell seine Nachkriegsrolle wieder an die historische Mitte Berlins verloren. Der preußische Kunstbesitz kehrt in seine Quartiere auf der Museumsinsel zurück; und die Freie Universität

---

1 Karl Schlögel, Im Raume lesen wir die Zeit, a. a. O., S. 441.

stand plötzlich in harter Konkurrenz zur schnell wieder aufsteigenden Humboldt-Universität, von der man zunächst geglaubt hatte, sie besenrein übertragen zu bekommen.

Das Unangemessene der Nachkriegslösungen wurde schlagartig sichtbar; auch das Ersatzhafte. Der Westen hatte eben nie vermocht, das Ganze zu repräsentieren. Das ließ sich jetzt nicht mehr kaschieren. Es gehört zu den Wundern der Wiedervereinigung, wie schnell sich die historischen Proportionen zurechtzurücken begannen. Mochten die Hinterlassenschaften der DDR auch noch so ramponiert aussehen, durch die räudige Oberfläche schimmerte immer noch ihre alte Bedeutung. Vielleicht wollte man das Wort von Mitteldeutschland auch deshalb aus dem Sprachgebrauch tilgen, weil es den Anspruch der Mitte evoziert.

Die Wartburg als die deutscheste aller Burgen; Weimar und Buchenwald als Chiffren für die furchtbare Ambivalenz deutschen Geistes zwischen Weltbürgertum und schierem Vernichtungswillen. Gegen die Symbolkraft solcher Orte, aber auch gegen ihre wieder erlangte Präsenz konnte man auf Dauer nicht ankommen. Das war den Kritikern der Wiedervereinigung nicht verborgen geblieben. Allein die Geschichte von Buchenwald nach der Wende, die Neubegründung eines deutschen Gedenkortes im demokratischen Geist, gehört zu den eindrucksvollen Kapiteln im mühsamen Prozess der deutschen Selbstkorrektur.

Wo Rathenaus Mörder begraben liegen

Es sind die Zeitschichten, die auf dem Ettersberg bei Weimar sichtbar werden, und die sich nicht voneinander trennen lassen. Natürlich hat die DDR diesen Ort für ihre Zwecke missbraucht. Die Machtkämpfe um die Führungsrolle unter den deutschen Kommunisten nehmen im KZ Buchenwald ihren Anfang. Das Stalinsche Trauma prägte die frühe DDR. Trotzdem fand sie zu einer Form des Gedenkens, die ihre Gültigkeit nach der Wende nicht völlig verloren hat. Der Glockenturm der Gedenkstätte steht immer noch weithin sichtbar über dem Weimarer Land.

In Buchenwald fand der Untergang der DDR auch mit einer gewissen Verzögerung statt. Als ob die Erinnerung später sterben wollte als die Gegenwart. Es gab eine Übergangsleitung der Gedenkstätte. Die hatte die alten Propagandatafeln einfach nur umdrehen lassen. So blieb die DDR auf der vom Betrachter abgewandten Seite noch eine Weile erhalten. Von den Bürgerkomitees zur Rede gestellt, sagte die amtierende Direktorin damals den denkwürdigen Satz: Sie könne den Vorwurf gar nicht verstehen. Man habe doch längst »Maßnahmen zur Trauerarbeit eingeleitet«. Buchenwald war, schon aufgrund seiner exponierten Lage, kein diskreter Ort. Trotzdem hat ihn immer eine Aura des Schweigens umgeben.

Warum Mitteldeutschland so explizit unter Ideologieverdacht geriet, hängt mit unserer nationalen Selbstfindung im 19. Jahrhundert zusammen. Mitteldeutschland war die deutsche Geschichtslandschaft schlechthin, wurde zum Ort der großen Bilder und Mythen. In Mitteldeutschland gründeten sich die ersten Geschichtsvereine; von dort stammten die großen Namen der deutschen Geschichte, Barbarossa tief unten im Kyffhäuser, die steinerne Uta als deutsche Ikone, der hammerschlagende Luther; und Goethe und Schiller auf ihrem Sockel vereint. Die Musik Bachs und Mendelssohns kam aus Mitteldeutschland, die Geburtsstätten der Moderne lagen dort, und die erste deutsche Republik wurde im Geist von Weimar begründet.

»Von dieser mitteldeutschen Landschaft und ihrer geistigen Mitte – so lehrt ein nahezu zeitlos wirkender Deutungsstrang – habe sich das andere, das geistige Deutschland der Dichter und Denker entfaltet.«[1] Das ist natürlich nur die halbe Wahrheit. Zu Mitteldeutschland gehört auch die braune Geschichte, Sauckel in Thüringen, Schultze-Naumburg in Saaleck, das Grab der Mörder von Walther Rathenau am Fuße der Rudelsburg. Im

---

1 Mitteldeutschland. Begriff. Geschichte. Konstrukt, herausgegeben von Jürgen John, Rudolstadt 2001, S. 51.

nicht weit entfernt gelegenen Ettersburg schwor Hilde Benjamin später ihre Juristen auf den Klassenkampf ein. Im Rückblick, so Jürgen John, erscheint die Mitte Deutschlands »weniger als Harmonie- denn als Kontrastzone«, und die Ambivalenz Weimars ist mit den Händen zu greifen. Diese Mitte, so hat es Thomas Nipperdey einst formuliert, war von den Schattenlinien der deutschen Geschichte durchzogen.

Es wirkt im Nachhinein wie eine tragische Verkehrung der Verhältnisse, dass dieses deutsche Kernland 1990 der Bundesrepublik beitreten musste. Aber die Wahrheit ist auch:

Eine gemeinsame verfassungsgebende Versammlung wäre ein langer, steiniger Weg geworden. Helmut Kohl und die letzte DDR-Regierung haben den kürzeren Weg gewählt. Doch sie haben unterschätzt, wie sehr es dabei auch um Würde, um Stolz und um Selbstvergewisserung ging.

Doppelte Loyalitäten, doppelte Abwehrreflexe

NACH vierzig Jahren Teilung hatten sich die künstlichen Nachkriegsgrenzen so sehr eingebrannt, dass man sich ihrer kaum mehr bewusst war. Aus alten Geschichtslandschaften wurde die Zone, später die DDR, die man lange in Gänsefüßchen setzte. Aber auch die Bundesrepublik war nicht weniger künstlich. Ich kann mich noch gut an die Zeiten erinnern, als man auf den Zusatz »Deutschland« lieber verzichtete. Das war kein nachlässiger Sprachgebrauch. Das entsprach dem damaligen Empfinden. Wenn wir heute von Ostdeutschland reden, dann entspringt das derselben Logik. Ostdeutschland ist ein Konstrukt der Nachwendezeit. Trotzdem hat es natürlich einen geographischen Bezug zum Raum östlich der alten innerdeutschen Grenze. Der hochmittelalterliche Landesausbau setzt jenseits von Saale und Elbe ein. Dort entstand jenes kolonisierte Gebiet, von dem James Hawes behauptet, dass es nie in seiner Geschichte mit dem alten Reich zusammengewachsen sei.

In diesem riesigen Expansionsraum im Osten sahen die Deutschen über Jahrhunderte ihre schicksalhafte Mission. Dorthin gingen die Hoffnungen, aber von dort drohten auch die Gefahren; dieser

Zwiespalt hat das Deutschland jenseits der Elbe über Generationen geprägt. Man muss in den Quellen nicht lange forschen, um auf jene eigentümliche Mischung von antiwestlichen und antiöstlichen Reflexen zu stoßen, die zum Erbe Ostelbiens gehört. Noch heute sehen sich viele ehemalige DDR-Bürger in dieser Zwischenrolle. Sie haben das sowjetische Regime und den Ostblock erlebt; sie kennen die Länder des Ostens und viele sprechen die russische Sprache. Aber sie sind heute auch Teil des Westens geworden und haben sich an das westliche Leben gewöhnt. Das hat, so merkwürdig es klingt, zu doppelten Loyalitäten geführt – und zu doppelten Abwehrreflexen. Auch das prägt das politische Denken bis heute.

Über dieses intermediäre Lebensgefühl der Ostdeutschen ist viel geschrieben worden. »Ihr Westdeutschen kennt nur die eine Welt«, bekommt man häufig zu hören. »Wir Ostdeutsche aber kennen beide.« Was ein klarer Vorteil sein soll, bedeutet in Wahrheit eine komplizierte Balance. In der Logik des Westens war das der unvermeidliche Lernprozess; in der Logik des Ostens ein andauernder Konflikt.

Wir haben im Westen lange geglaubt, dass es zum Prozess der Verwestlichung gar keine Alternative geben könne, zumal die Menschen selbst danach drängten. Wo sollte in diesem nach Ost und West aufgeteilten Europa noch Platz für ein anderes, »mittleres« sein? Doch plötzlich scheint sich dieses mittlere Europa wieder zu regen, »diffus, auratisch, aber doch nicht nur als Phantom«. Karl Schlögel hat diese Beobachtung Mitte der achtziger Jahre gemacht. Aber das war, wie wir gesehen haben, auch der Diskurs der achtziger Jahre: Mitteleuropa als Fluchtkonstruktion in den Westen. Heute dient dieser Begriff der Bestimmung der eigenen Identität. Der ungarische Politikwissenschaftler György Schöpflin spricht von »Mitteleuropa als Denkstil«.

Eine neue Ära habe in den Ländern Mitteleuropas begonnen, schreibt der Auslandskorrespondent der »Frankfurter Allgemeinen Zeitung«, Karl-Peter Schwarz, »voller Hoffnungen, aber auch voller Gefahren«. Die Menschen, die an ihren traditionellen Werten festhalten, wollen sich nicht länger als »ein zum Untergang verurteiltes Relikt der Geschichte« betrachten lassen. Das verbindet die Völker in diesem »mitteleuropäischen« Raum; und das umfasst, wie wir gesehen haben, selbst noch die Menschen in Sachsen. Mitteleuropa als der Kern des wahren Europas und als Motor des neuen, jenseits der alten EU. Dreißig Jahre nach dem Fall des Eisernen Vorhangs, so Antje Hermenau, ist Mitteleuropa »wieder im Geschäft«.

Vom Abschied des Schäfers

Wir haben uns angewöhnt, von Modernisierungsverlierern zu sprechen, von sozialen Rändern, die mit der Globalisierung nicht Schritt halten können. Wir wollen uns gar nicht erst vorstellen, dass in der Ablehnung der globalisierten Welt auch eine bewusste Entscheidung stecken könnte; und dass diese Ablehnung keineswegs nur typisch ist für die Transformationsgesellschaften der postkommunistischen Welt.

Ein Jahr vor der Abstimmung über den Brexit erschien in London James Rebanks' Buch über sein Leben als Schäfer in Matterdale im nördlichen Lake District Englands. Es ist die Geschichte vom einfachen Leben in einer alten Landschaft und eine Parabel geworden zum Abschied Großbritanniens von Brüssel und der Europäischen Union. »Wir sind in unserem Denken vielleicht deshalb so eigenständig«, schreibt Rebanks, »weil wir von der Welt gerade genug gesehen haben, um zu der Überzeugung zu gelangen, dass nichts über unsere traditionelle Lebensweise und Unabhängigkeit geht.« Das Buch ist bei seinem Erscheinen zum Bestseller in Großbritannien geworden, und es schließt mit dem lapidaren Satz: »Das ist mein Leben. Ich will kein anderes.«[1]

---

1 James Rebanks, Mein Leben als Schäfer, München 2017.

Knapper lässt sich nicht ausdrücken, was derzeit viele Menschen in Europa bewegt. Die Theorie von den ranzigen Rändern, den ewig Zukurzgekommenen und den Ungewaschenen wirkt nirgendwo so absurd wie im urbanen Süden, in Katalonien etwa, dessen gepflegte Modernität und Leichtigkeit jedem ins Auge springt, der sich für einen Moment in die Straßencafés auf den Ramblas von Barcelona setzt. Aber diesem Wirklichkeitsschock weicht man wohl lieber aus. Die klugen Kommentatoren wissen schon, dass es nicht mehr darum geht, irgendwelche Gespenster der Vergangenheit heraufzubeschwören, sondern eine Antwort zu finden auf die Frage, welche Moderne wir eigentlich wollen. Wenn man genau hinhört, dann stellt sich diese Frage mit zunehmender Schärfe in allen liberalen Gesellschaften der westlichen Welt. Entsprechend groß ist die Bestürzung. Man sieht die eigenen »Wahrheitssysteme« (Michael Kretschmar) bedroht, will »Demokratieagenturen« gründen (Emmanuel Macron) oder fragt sich, ob wir am »Rande eines Bürgerkriegs« stehen, wie der Publizist Per Leo Anfang 2019 in der »ZEIT«.

Man muss den Ton der französischen Gelbwesten nicht mögen, um zu begreifen, dass sich die französische Misere nicht im schneidigen Präsentationston der Pariser Verwaltungseliten beheben lässt. Es gibt kluge Analysen dazu, wie das Buch »La France périphérique« von Christophe Guilluy, das in Frankreich heftig diskutiert, in Deutschland kaum wahrgenommen wurde. Guilluy, ein bekannter französischer Publizist, zerstört das »vertraute Bild einer Gesellschaft von Mittelschichten« und stellt den »Mythos der geglückten Globalisierung infrage«. Immer mehr Menschen, auch in den wohlhabenden Regionen Europas, wehren sich gegen das, was sie als Fremdbestimmung empfinden, und rücken das Thema ihrer kulturellen Identität in den Mittelpunkt. »Identitätspolitik« nennt das der amerikanische Politikwissenschaftler Francis Fukuyama und sieht darin eine der »Hauptbedrohungen« der modernen liberalen Demokratien. Es ist der Konflikt »zwischen Menschen, die die Welt von überall her, also von jedem beliebigen Ort aus betrachten, und solchen, die sie von irgendwoher, also von einem bestimmten Ort aus, ansehen«, wie es der britische Journalist David Goodhart in seinem Buch »The Road to Somewhere« 2017 formuliert hat.

Ralf Dahrendorf hat vor einer solchen Entwicklung früh gewarnt: Menschen könnten und wollten das »Leben in heterogenen Gemeinschaften nicht ertragen«, schrieb er 1992 in der Zeitschrift »Merkur«: »Sie suchen ihresgleichen und nur ihresgleichen.« Aber das trifft auf die globalen Funktionseliten selbst zu. Gerade sie wollen es nur mit »ihresgleichen« zu tun haben und werden plötzlich in den westlichen wie den östlichen Gesellschaften mit einem Verlangen nach kultureller Differenzierung konfrontiert, mit dem sie nichts anfangen können. »Gelangweilt und verständnislos«, heißt es in Stefan Zweigs »Marie Antoinette«, stehen sie diesem Phänomen gegenüber.

Das zeigt sich beim Brexit ganz exemplarisch. Da bröckelt nicht der europäische Rand. Da droht inzwischen die Kernschmelze. Entsprechend aggressiv fallen die Kommentare aus. Die Fernsehbilder tun das ihre: ein desolates Unterhaus, die spleenigen Brexiteers und eine von allen guten Geistern verlassene Premierministerin. Wir haben uns nach vielen Fernsehabenden an das antiquierte Englisch des Speakers gewöhnt; an die Eingangsprozession mit dem Zeremonienstab, die merkwürdigen Zwischenrufe und das Abstimmungsritual. Ein Unterhaus, das so gestrig erscheint, kann nur von gestern sein. Gegen die Macht solcher Bilder ist nicht anzukommen. Großbritannien ist da, wo Brüssel es haben wollte, schreibt Jochen Buchsteiner: »Auf den Knien«.

Noch nicht einmal die möglichen Folgen, meint der langjährige FAZ-Korrespondent, könnten das »Ausmaß der Verbitterung erklären, das im alten Herzen der EU, in Berlin, in Paris und in Brüssel zu spüren« sei. Die europäischen Eliten empfinden den Brexit als Anschlag auf ihren ideologischen Kern, auf die Grundübereinkunft, dass es »den Nationalstaat zu schwächen und nicht zu stärken gilt; und dass aufgeklärte Gesellschaften Wohlstand über kulturelle Identität stellen«. Das alles steht inzwischen in Frage. Den Kritikern in Brüssel käme es nicht in den Sinn, »Britanniens Abschied von der EU außerhalb ökonomischer Nutzenrechnungen zu begreifen«. Am 23. Juni 2016, dem Tag des Referendums zum Brexit »ging es um die Ideen und Träume hinter den Zahlen«.[2]

Buchsteiner hat darüber ein hellsichtiges Buch geschrieben, das mit den Unterstellungen aufräumt, den Brexit-Befürwortern sei es um alles Mögliche gegangen, nur nicht um Europa. Doch: Es ging genau um Europa. Es ging nicht nur um irrationale Ängste, um Nachtrauern, Selbstüberschätzung oder Elitenverdruss. Es war eine Abstimmung über die höchst aktuelle Frage: In welchem Europa wollen wir morgen leben? Buchsteiner beschreibt die Methode, mit der eine politische Entscheidung in eine kollektive Hysterie umgedeutet wird, die nur pathologisch sein kann. Das fällt natürlich bei der ältesten Demokratie Europas schwerer als gegenüber den sich mühsam freistrampelnden Ländern des östlichen Europas. Denen kann man leichter das böse Gen unterstellen, was man – wie wir sehen – auch mit Vorliebe tut.

Wieder einmal stoßen wir auf ein Phänomen, das uns in diesem immer enger verzahnten Europa so häufig begegnet: dass das Verständnis fehlt für die historischen Besonderheiten und kulturellen Empfindlichkeiten der jeweiligen Nachbarländer, von

---

2 Jochen Buchsteiner, Die Flucht der Briten aus der europäischen Utopie, Reinbek 2018, Sonderausgabe für die Bundeszentrale für politische Bildung, Bonn 2018, S. 22.

Empathie ganz zu schweigen. Für eine seit alters auf das Parlament fokussierte Demokratie wie die britische ist der neben- und außerparlamentarische Charakter vieler Entscheidungen in der EU schlicht unerträglich. Dass auch deutsche Verfassungsrichter von Verfassungsbruch sprechen, wird in unserem Land dagegen gelassen zur Kenntnis genommen. *Take Back Control* ist der Schlachtruf der Brexit-Kampagne geworden. In Deutschland hört man ihn leiser.

Unbestreitbar hat der Brexit eine Innendimension. Das Erschrecken über den Zustand der eigenen Politik, die Angst vor einem nicht mehr zu steuernden Wandel, die Folgen der eigenen Migrationspolitik und das Gefühl des Fremdwerdens im eigenen Land darf man nicht unterschätzen.

Karl Heinz Bohrer, der viele Jahre für das Feuilleton der »Frankfurter Allgemeinen Zeitung« aus England berichtete, hat in seinen Lebenserinnerungen diese Wahrnehmung beschrieben, wie London allmählich sein britisches Gesicht verlor und zu einem urbanen Patchwork wurde, zu einer Art Raumschiff, das »an Internationalität alle europäischen Metropolen in den Schatten stellt und in der nur noch eine Minderheit das Englische als Muttersprache beherrscht«.[3]

3 Karl Heinz Bohrer, Jetzt. Geschichte meines Abenteuers mit der Phantasie, Berlin 2017, S. 498 ff.

Der Brexit ist genauso wenig ein rein britisches Phänomen, wie entsprechende Tendenzen in Osteuropa als Problem einer nachhinkenden Modernisierung zu sehen sind. Wir haben es mit einer weltweit zu beobachtenden »Krise der liberalen Demokratie« zu tun, die sich nicht mehr an der politischen Geographie orientiert. Sie hat östliche wie westliche Länder gleichermaßen erfasst. Jan Zielonka, Professor für europäische Politik an der Universität Oxford, spricht von einer »Gegenrevolution« gegen die weit verbreitete Überzeugung, 1989 habe den Sieg der liberalen Demokratie gebracht.

Nicht zuletzt die jungen Demokratien aus dem früheren sowjetischen Machtbereich blicken heute skeptischer auf die liberale Gesellschaftsform des Westens; und die Vorstellung, ihre frisch gewonnene nationale Unabhängigkeit an einen europäischen Einheitsstaat zu verlieren, schreckt sie mehr als alle Sanktionsdrohungen aus Brüssel. Niemand würde dort für die europäische Einheit die eigene Nation wieder in Frage stellen. Für die westlichen Beobachter ist das ein Rückfall in vergangene Zeiten. Das Gespenst des Nationalismus gehe wieder um. Die frühe Warnung des polnischen Literaturnobelpreisträgers Czesław Miłosz ist zum Menetekel Europas geworden.

Buchsteiner erinnert auch an die gegenteiligen Warnungen des Schweizer Historikers Herbert Lüthy, dass es noch nie gelungen sei, »aus hochdifferenzierten und historisch bewussten Staatsgebilden eine neue Einheit zu schaffen«. Aber solche Warnungen werden in den Wind geschlagen, was Jan Zielonka mit der Bemerkung kommentiert hat: »Wir haben viele Theorien der europäischen Integration, aber praktisch keine Theorie der europäischen Desintegration.«[4]

4 Jan Zielonka, Is the EU Doomed? Cambridge 2014, zitiert nach Ivan Krastev, Europadämmerung. Ein Essay, Berlin 2017, S. 8f.

Fukuyamas Welt

Es gab lange Zeit keine Veranlassung, sich in Europa ernsthaft Gedanken darüber zu machen, ob eine »zeitgenössische liberale Demokratie« auch wieder verfallen oder sich rückwärts entwickeln kann. Schließlich konnte der Staat, der am Ende der historischen Entwicklung steht, nur ein liberaler sein. Dem amerikanischen Politikwissenschaftler Francis Fukuyama, der das nach der Auflösung der Sowjetunion mit großer Emphase verkündet hatte, sind inzwischen selbst große Zweifel gekommen. Wie lassen sich die politischen Erschütterungen in den beiden Demokratien erklären, »welche die moderne, liberale, internationale Ordnung errichtet hatten«, Großbritannien und die Vereinigten Staaten?

Man reibt sich die Augen, wenn man Fukuyamas Antwort dazu in seinem neuesten Buch über Identität und Identitätspolitik liest.[1] Die liberalen Gesellschaften sind nur deshalb in Schwierigkeiten geraten, weil sie das »Problem des Thymos« noch nicht vollauf gelöst hätten; Thymos als der Teil der Seele, »der sich nach Anerkennung seiner Würde sehnt«. Bei der AfD klingt das nicht ganz so harm-

---

1 Francis Fukuyama, Identität. Wie der Verlust der Würde unsere Demokratie gefährdet, Hamburg 2019.

los. Das also ist die Antwort eines Großtheoretikers auf die Krise. Fukuyama glaubt wohl, dass es um ein Zuwendungsproblem geht. »Ganze Länder«, schreibt er, »können sich missachtet fühlen, was zuweilen einen aggressiven Nationalismus entfesselt.« Denn letztlich sei es das »innere Gefühl« der Würde, das nach Anerkennung drängt.« Diese Argumentation begegnet uns immer wieder. Sie entspricht der heute weit verbreiteten Gefühlslage und stellt doch einen Versuch dar, wenigstens im therapeutischen Habitus noch einmal die alte Deutungshoheit zu retten. Der Arzt beugt sich besorgt über den zappelnden Patienten.

Man muss sich durch viele Seiten seines Buches und einige Kapitel Thymosgeschichte hindurchkämpfen, bis Fukuyama einen überraschenden Perspektivwechsel vollzieht. Jede Gruppe, schreibt er, habe eine »eigene Identität«, die »Außenstehenden nicht zugänglich« sei. Dieser Gedanke »spiegelt sich im Gebrauch des Begriffs ›gelebte Erfahrung‹ wider, der seit den siebziger Jahren in der Populärkultur explosionsartig gewachsen ist«.[2] Dieser Begriff geht auf Simone de Beauvoir zurück, die in ihrem Buch über »Das andere Geschlecht« die gelebte Erfahrung der Frauen von der der Männer unterschied; das gelte auch für andere Gruppen und Kategorien, die »auf Rasse, Ethnizi-

2 Fukuyama, a. a. O., S. 135.

tät, sexueller Orientierung, Behinderung und dergleichen beruhten«.

Will man verstehen, was in diesen Innenwelten einer sich immer stärker fraktionierenden Öffentlichkeit für möglich gehalten wird, dann kommt man an diesem Begriff der »gelebten Erfahrung« kaum mehr vorbei. Er bestimmt nicht nur die Kommunikation nach innen, sondern auch die Abgrenzung nach außen – bis hin zu der stillschweigenden Übereinkunft, dass der Sichtweise von Opfern grundsätzlich Rechnung zu tragen sei.

»Gelebte Erfahrung«, sagt Fukuyama, »wird unter emotionalen Gesichtspunkten bewertet statt unter rationalen.« Man könnte in Anlehnung an die moderne Gedächtnisforschung sogar von emotionaler Erinnerung reden. Die Angst vor Kontrollverlust, die neuerdings auch liberale Gesellschaften umtreibt, bezieht sich nicht nur auf die faktischen Grenzen, sondern auch auf die Deutungshoheit über die eigene gelebte Erfahrung. Über wahre Identität können diejenigen am glaubhaftesten reden, die sie selbst besitzen, das ist die Tautologie der digitalen Gesellschaft. Die sozialen Medien ermöglichen »die Entstehung eigenständiger Gemeinschaften, die nicht durch physische Barrieren, sondern durch den Glauben an eine gemeinsame Identität abgeschottet sind.«[3]

---

3 Fukuyama, a. a. O., S. 212.

Das Trauma der erzwungenen Modernisierung

DER ungarische Politikwissenschaftler György Schöpflin, der für die Fidesz auch im Europäischen Parlament saß, hat die Abkehr Ungarns vom liberalen Gesellschaftsmodell des Westens auf ähnliche Weise zu begründen versucht.[1] Es ist die Innensicht einer tiefen Enttäuschung. Schöpflin, das war der ungarische Europaabgeordnete, so erinnert sich der aufmerksame Zeitungsleser, der auf dem Höhepunkt der Einwanderungswelle Schweinsköpfe auf Grenzpfosten spießen wollte, um islamische Flüchtlinge abzuschrecken. Doch Schöpflin ist »kein nationalistischer Wüterich« (Thomas Schmid), sondern ein renommierter Politologe, der die europäischen Eliteschmieden durchlaufen und ein halbes Jahrhundert in Großbritannien verbracht hat. In einem Artikel, den die Zeitschrift »Osteuropa« ins Deutsche übersetzt hat, versucht er den wachsenden Spannungen, die zwischen der Europäischen Union und den Staaten Mitteleuropas – allen voran Ungarn – entstanden sind, auf den Grund zu gehen. Auch Schöpflin argumentiert sozialpsy-

1 György Schöpflin, Mitteleuropa in der Falle. Zur Mesalliance mit der EU, in: Osteuropa 3–5/2018, S. 323ff.

chologisch und spricht ähnlich wie Krastev oder Fukuyama vom Trauma der erzwungenen Modernisierung und dem weit verbreiteten Gefühl, die Kontrolle über die eigene Zukunft verloren zu haben. Den Anteil der eigenen Eliten an diesem Prozess blendet er weitgehend aus. Diese Trauma-Theorie ist offenbar zu einem die gesamte postsowjetische Welt umfassenden Erklärungsmuster geworden, das die Geschichte der Befreiung durch eine Geschichte der Demütigung ersetzt. Nahezu überall wird sie erzählt und ihre Bestandteile sind nahezu gleich. Die Rückkehr des Nationalen wird nicht als Ausdruck gesellschaftlicher Rückständigkeit interpretiert, sondern als Antwort auf erlittene Demütigungen. Diese Reaktionen kommen auch nicht von den abgehängten Rändern, sondern aus der Mitte der betroffenen Gesellschaften, sind nicht Ausdruck depravierter Verhältnisse, sondern eines neuen Selbstbewusstseins. Wir haben es also weniger mit einem Modernisierungs- als einem Modernitätsphänomen zu tun, was eine Studie des Wirtschaftsgeographen Andrés Rodríguez-Pose von der London School of Economics zu bestätigen scheint. Es sind nicht die ärmsten Ecken, aus denen der Widerstand gegen die Globalisierung kommt, sondern Regionen, die ihrer »vergangenen Bedeutung nachtrauerten«. Nostalgie ist nicht nebensächlich, heißt die These der Studie.[2]

---

2 Andreas Ross, Woher kommt der EU-Verdruss? in: Frankfurter Allgemeine Zeitung vom 25. Januar 2019.

Das Signum dieser Protestformen ist nicht ökonomischer, sondern kultureller Art; es geht den Protestierenden weniger um wirtschaftliche Angleichung als um kulturelle, man könnte sagen: historische Selbstbehauptung. Nur so lässt sich Schöpflin verstehen, wenn er den – wie er sie nennt – suprastaatlichen Eliten vorwirft, dass sie ihre politische Legitimität auf einer ziemlich willkürlichen »Designvergangenheit« gegründet hätten und der unzulässigen Verengung auf die Geschichte des Westens.

Daraus spricht die bittere Erfahrung mit der kommunistischen Vergangenheit. Mitteleuropa, so Schöpflin, konnte sich in den zurückliegenden Jahrzehnten seine Geschichte eben nicht selbst aussuchen, sondern musste sich mit einer Geschichte abfinden, die »zu anderen Zwecken« und mit anderem Interesse erzählt wurde. Es ging nie um die eigene Vergangenheit, die eigenen Verstrickungen, die eigenen Kriegserlebnisse, sondern einzig darum, »die Macht der Sowjetunion zu festigen«. Dieses Gefühl der Fremdbestimmung und Hilflosigkeit sieht er als »Tiefenschicht der mitteleuropäischen Geschichte«, die sich »nur sehr langsam wandelt«. Das hat Auswirkungen bis in die Gegenwart.

Doch nicht nur die Versuche der Wiedergewinnung einer eigenen Vergangenheit scheinen am Dilemma Ostmitteleuropas zu scheitern, sondern auch die Versuche, ein eigenes Modell der Moderne durchzusetzen. Dazu fehlte den kleinen Völkern Ostmitteleuropas, wie der tschechische Historiker Miroslav Hroch sie nennt, die politische Kraft. Sie waren immer vom Willen mächtiger Nachbarn abhängig. Das beeinflusst die Selbstwahrnehmung solcher Nationen, auch der großen wie Polen, bis heute. Sie fühlen sich, um es in den Worten Schöpflins zu sagen: »unvollkommen, undeterminiert, marginalisiert und machtlos.« Wir erinnern uns an die nahezu gleichlautenden Worte von Ostdeutschen.

Die Hinwendung zur Nation spielte in diesen Ländern eben keine kompensatorische sozialpsychologische Rolle. Sie ist, was gerne verkannt wird, Teil der politischen Auseinandersetzung mit dem Erbe des Kommunismus. Man kann die Bestätigung dafür überall finden; und vielerorts zeigt sich auch eine für den Westen schwer verständliche Verkehrung der Fronten. Das führt zu einer fast paradoxen Situation. Die westlich auftretenden Eliten sind häufig die alten, während die oppositionellen Kräfte plötzlich unzeitgemäß wirken und reaktionär.

Was wir im Westen nie verstehen wollen: Die emanzipatorische Kraft dieser Länder kommt aus der Idee der Nation. Das ist die Konsequenz einer anders verlaufenen Geschichte.

Wohin solche Missverständnisse in der Praxis führen, kann man an der kleinen Republik Moldau studieren – ein vergessenes Land am südöstlichen

Rand von Europa. Seit Jahren versinkt es in Korruption und Perspektivlosigkeit. Die europafreundlichen Kräfte sind hier in der Regel die alten Eliten. Sie haben sich ihr Land zur Beute gemacht. Moldau hinkt hinterher. Nicht einmal fürs Aufbäumen reicht noch die Kraft.

Der russische Waschsalon

Das übliche Gespräch am Hoteltresen. Wie lange ich in Wien bleiben wolle, fragt mich der junge Hotelangestellte. Ich sei nur auf der Durchreise, sage ich und füge etwas zögernd hinzu: nach Chişinău. Das liegt in Moldawien, wollte ich noch ergänzen. Aber er nickt. Da sei er aufgewachsen, aber schon lange weg. Er müsse mal wieder hinfahren, meint er; aber das klang so wie nie.

Gut eine Million Menschen hat dieses kleine Land nach der Sowjetzeit verlassen, das einst russischer Verbannungsort war; wo sich Puschkin langweilte und auf das Rumänien heute Anspruch erhebt. Eine Million Menschen, das ist etwa ein Drittel seiner Bevölkerung. Die Wachstumslinie reißt in den neunziger Jahren jäh ab. Gegangen sind wie immer die Jungen und die besser Ausgebildeten; und geblieben sind die Armen und Schwachen. Die Republik Moldau, wie sie offiziell heißt, ist eine jener merkwürdigen Zwischenwelten geworden zwischen sowjetischer Hinterlassenschaft und den Verheißungen der EU. Seit 2009 gehört man zur »Östlichen Partnerschaft«, 2004 trat das Assoziierungsabkommen in Kraft. Man kann die Finanzhilfen schon an den Gebäuden ablesen. Der übliche Mix. Ein nagelneuer Flughafen, die Plastikwelt der Hotels und der Banken, die Reklame von Fast

Food und Smartphones; und distanzlos daneben die alten Fassaden mit dem feuchten Geruch nach Verfall.

Ich stehe auf dem Hauptboulevard von Chişinău, benannt nach dem Nationalhelden Ştefan cel Mare, Stefan dem Großen, und denke jenen gedankenlosen Satz vom Leben, das weitergeht, immer weiter. Neben mir bettelt eine alte Frau, das Kopftuch tief ins Gesicht gezogen. Sie sitzt nicht, sie kniet nicht; sie kauert vornüber gebeugt mit der Stirn auf dem Boden. Die reine Form des Elends. Barlach hätte sie sehen müssen. Doch ich schäme mich sofort wieder dieses Gedankens. Was soll die alte Frau auch wissen vom künstlerischen Abbild des Lebens. Als ich nach Stunden zurückkomme, kauert sie immer noch da, die Stirn bis auf den Boden gesenkt.

Am Abend treffe ich das andere Leben in der Hauptstadt, Geschäftsleute, Diplomaten, Handelsvertreter, die Abgesandten der EU; und ein paar junge Blogger, die sich ihr Katz- und Mausspiel leisten mit den viel größeren, viel mächtigeren staatlichen und privaten Medien. Den größten Teil des Medienmarkts beherrscht der reichste Mann Moldaus, der »Puppenspieler«, wie man ihn nennt, oder auch den moldauischen Putin. Auf ihm und seiner Demokratischen Partei PDM ruhten die Hoffnungen des Westens. Im Gespräch fällt das Wort vom »Russian Laundromat«. So nennt man das Geldwäschesystem der russischen Mafia. Moldau gilt als »der größte Waschsalon der Region«[1]. Dann bekomme ich die irrwitzige Geschichte der Ausplünderung von drei moldauischen Banken erzählt. Sie standen im Dezember 2014 vor dem Ruin. Über eine Milliarde US-Dollar waren auf Offshore-Konten verschwunden. Viele sollen daran mitgewirkt haben, auch das Parlament, die Regierung, die Nationalbank, die staatliche Finanzaufsicht und selbst die Generalstaatsanwaltschaft.[2] Ein richtiger Waschsalon eben, mit laufender Kundschaft. »Die waschen immer noch«, raunt mein Gesprächspartner. Dann werden wir unterbrochen.

Dabei war die Republik Moldau einmal ein Vorzeigeprojekt Brüssels gewesen; es sollte eine Erfolgsgeschichte werden. Mit dem Programm der »Östlichen Partnerschaft« wollte man jenen ehemaligen Sowjetrepubliken helfen, die nach dem Ende des Kommunismus im »grauen Niemandsland« hängengeblieben waren – »zwischen Russland und dem Westen, zwischen Autoritarismus und Demokratie, zwischen Oligarchenherrschaft und Marktwirtschaft«, wie der Journalist Reinhard Veser in der »Frankfurter Allgemeinen Zeitung« schreibt.

Auf die Republik Moldau hatte man größte Hoffnungen gesetzt; ein Parteienbündnis mit dem klangvollen Namen »Allianz für Europäische Inte-

1 Annette Langer, Der Oligarch gewinnt immer, in: SPIEGEL ONLINE vom 24. Februar 2019.

2 Reinhard Veser, in: Frankfurter Allgemeine Sonntagszeitung vom 17. Februar 2019.

gration« regierte, die EU gab Geld und schickte Berater, die Visumspflicht wurde aufgehoben und das Assoziierungsabkommen trat in Kraft; selbst Kanzlerin Merkel kam, um zu loben. Über Nacht ist die schöne Story geplatzt. »Der moldauische Staat, heißt es in einer knappen Resolution des Europäischen Parlaments vom Oktober 2018, »ist von oligarchischen Interessen gekapert worden.«

Reinhard Veser nennt es ein Lehrstück für die Ostpolitik der EU. Es handelt vom »Zusammenprall der Kulturen«. Auf der einen Seite die Brüsseler Bürokratie »mit ihren vielen schönen Worten über Demokratie und gemeinsame Werte« und den üppigen Aufbauprogrammen. Und auf der anderen Seite »die Wirklichkeit von Ländern ohne demokratische und rechtsstaatliche Traditionen, in denen nicht staatliche Institutionen und Gesetze, sondern informelle Beziehungen und Regeln maßgeblich sind«.

Was davon hat man in der breiteren Öffentlichkeit wahrgenommen? Die Pattsituation nach den moldauischen Parlamentswahlen im Frühjahr? Die Enttäuschung in Brüssel? Wie lässt Goethe den Bürger im »Faust« sagen? »Wenn hinten, weit, in der Türkei die Völker aufeinanderschlagen ...« Das Problem fängt schon mit der Berichterstattung an. Wenn Reinhard Veser vom Machtkampf der beiden skandalumwitterten »Vlads« an der Spitze der beiden großen Koalitionsparteien schreibt, dann beginnen die Verständnisprobleme schon bei den

Namen. Wer kann sich denn merken, dass der eine Vlad Filat heißt und der andere Plahotniuc. Auch da zeigt sich das Problem von Nähe und Ferne. Moldau liegt an den Rändern des Wissens.

Von der Ungleichzeitigkeit

DAS Hauptproblem unserer Zeit, hat der in New York lehrende Historiker Wolf Schäfer bemerkt, sei »weder die Vergangenheit noch die Zukunft, sondern die Gegenwart«. Und das Hauptproblem der Gegenwartsgeschichte sei nicht, »dass sie verwirrende Verhältnisse spiegelt, sondern dass wir sie nicht verstehen«. Denn diese Gegenwart liege »quer zu unseren alten Schablonen«.[1] Schäfer forderte die heutige Geschichtsschreibung daher auf, »das Historische nicht mehr hauptsächlich im Zurückliegenden zu suchen, der Geschichte nicht nur auf den vergangenen, sondern bewusst auf den aktuellen Grund zu gehen«. Das klingt kompliziert, meint aber die radikale Abkehr von einem Erklärungsprinzip, das sich immer noch an der Zeitachse von Zukunft und Vergangenheit ausrichtet, anstatt sich auf die »horizontalen Verknüpfungen in der Gegenwart einzustellen«. Globalgeschichte, sagt Schäfer, »ist heute Gegenwartsgeschichte«. Das zielt natürlich auf die berühmte Formel Ernst Blochs.

Bloch hatte in den dreißiger Jahren versucht, den Faschismus marxistisch zu deuten und als »Explosion des Ungleichzeitigen« zu begreifen. »Nicht

1 Wolf Schäfer, Ungleichzeitigkeit als Ideologie. Beiträge zur historischen Aufklärung, Frankfurt am Main 1994, S. 134.

alle sind im selben Jetzt da«, heißt der berühmte Eingangssatz vom Mai 1932. Die älteren Zeiten, sagt Bloch, wirkten »in älteren Schichten nach«, und leicht träume es sich »in ältere zurück«. Dass Bloch zwischen einem ungleichzeitigen Bewusstsein *mit* Zukunft und einem *ohne* unterschied, hat sich abgeschliffen. Geblieben ist eine Allerweltsformel, die sich ihres normativen Gehalts gar nicht mehr bewusst wird. Wer im Falle der osteuropäischen Länder von der Gleichzeitigkeit des Ungleichzeitigen spricht, sieht nur das Problem des ungleichen Fortschritts und der nachholenden Modernisierung. Andere Entwicklungen »widersprechen dem Jetzt«, um Bloch zu paraphrasieren, »sehr merkwürdig, schief, von rückwärts her«.

Das gilt besonders für die im postkommunistischen Mitteleuropa überall zu beobachtende »Fokussierung auf die Ethnizität«. Für György Schöpflin ist das kein Rückfall in vergangene Denkmuster, sondern im Gegenteil: eine Reaktion auf die Gegenwart. Angesichts schwacher Zivilgesellschaften und erodierender Staatlichkeit habe man in den postkommunistischen Ländern gar keine andere Wahl gehabt, als die besondere »Ethnizität ins Zentrum des Selbstverständnisses zu rücken, auch wenn dem Konzept keine klaren bürgerlichen Normen eingeschrieben sind und es daher keine ausreichende Grundlage für Modernität und Freiheit bietet«. Diese Zwangslage habe im Westen fast niemand verstanden, weshalb die Begegnung mit Mitteleuropa in den neunziger Jahren für Westeuropa selbst »zu einem fast traumatischen Ereignis wurde«.[2]

Der Westen, so Schöpflin, verkenne nicht nur die Verhältnisse in den postkommunistischen Ländern, er konfrontiere sie auch mit einem Verständnis von Liberalismus, das immer mehr zu einer eigenen Weltanschauung zu werden droht. Schöpflin nennt sie sogar »fundamentalistisch«. Die globale liberale Elite sei zu einer Statusgruppe geworden, die alles bekämpft, was ihren Status bedrohen könnte. Daher versuche sie auch den Begriff der Demokratie an bestimmte Werte zu binden statt an die Zustimmung der Regierten. Das ist der Grundsatzkonflikt.

Wer aus der doktrinären Welt des Sowjetkommunismus kommt, wird den Akzent verständlicherweise auf die demokratische Willensbildung legen. Wer dagegen vom westlichen Demokratieverständnis her geprägt ist, gibt eher dem normativen Prinzip der Rechtsstaatlichkeit den Vorrang. Wir leben im Westen noch immer mit einer »von Misstrauen geprägten Nachkriegsordnung«, begründet das der in Princeton Politische Theorie lehrende Jan-Werner Müller; mit einer Demokratie, die ihren Souverän lieber am Gängelband führt. Bei den östlichen Freiheitsbewegungen ist das anders. Sie haben sich ihr Gängelband selbst durchtrennt. Ihr Selbstverständnis wächst aus der wiedergewonnenen Freiheit.

---

2 György Schöpflin, a. a. O., S. 335.

Wir erinnern uns an die Beobachtung Krastevs, wonach sich zwischen liberalen Eliten, welche die Demokratie mit wachsendem Argwohn betrachten, und einer zornigen Wählerschaft, die illiberal denkt, immer tiefere Gräben auftun. Diese Beobachtung geht über eine momentane Stimmungslage hinaus; sie zielt auf einen verfassungstheoretischen Grundsatzkonflikt: Steht die Werteordnung über dem demokratischen Prinzip, oder hat die Volkssouveränität Vorrang vor dem Normativ einer liberalen Gesellschaft? Viktor Orbán brachte diesen Konflikt 2014 auf den Punkt: »Demokratien sind nicht notwendig liberal. Auch wenn etwas nicht liberal ist, kann es doch eine Demokratie sein.« Ein Satz, der immer wieder zitiert wird, um Orbáns fragwürdige Politik zu entlarven.

Schöpflin bezweifelt, dass die unterschiedlichen Erfahrungen Mittel- und Osteuropas heute überhaupt Gehör finden und jemals Einfluss bekommen werden auf das westliche »Narrativ von Europa«. Versucht dieser östliche Teil Europas seine eigene Sicht einzubringen, wird er als »antieuropäisch, populistisch oder illiberal gebrandmarkt«.

Er spricht von Machtasymmetrien, von Widersprüchen zwischen dem »Anspruch auf Durchsetzung der Menschenrechte und einer angemessenen Konfliktlösung«. Das sind alte Wunden. Das östliche Mitteleuropa wird von jenen Traumata wieder eingeholt, »denen es mit der Rückkehr nach Europa zu entkommen suchte«. Die kommunistische Herrschaft hat »das mitteleuropäische Projekt der eigenen Nation schwer beschädigt«, so Schöpflin, »jetzt werde sie von der liberalen Hegemonie unterminiert«.

Diese Sichtweise bedient sich der Argumente, die wir aus dem postkolonialen Diskurs kennen. Auch da spielt die Idee der aufgezwungenen Geschichte eine Rolle, und auch da geht es um den Widerstand der Unterlegenen, der »Subalternen«, wie der im Deutschen leicht missverständliche Begriff aus der britischen Militärsprache heißt, den die indische Literaturwissenschaftlerin Gayatri Chakravorty Spivak dafür prägte. Er hat einer ganzen Forschungsrichtung den Namen gegeben: *Subaltern Studies*. Aber dort sitzt der Westen schon nicht mehr allein auf der Anklagebank. Der »epistemologische Ethnozentrismus«, wie das der in Amerika lehrende kongolesische Anthropologe Valentin-Yves Mudimbe nennt, gilt eben für beide Seiten. Und er wirkt auch in beide Richtungen.

Die Stunde der »abendländischen Ungleichzeitigkeitspolitik hat trotzdem geschlagen«, sagt Wolf Schäfer. »Der Zugang zur Gegenwart, den die temporale Weltordnung des Abendlandes für den Westen reservierte« wird »in der Epoche der Globalgeschichte für alle Menschen geöffnet«. Um so deutlicher tritt die Asymmetrie der wirklichen Machtverhältnisse hervor.

Der Ort, an dem es kein Vorbeikommen gibt

Reden wir lieber von der Gleichzeitigkeit des Gleichzeitigen. Sie wird dort am deutlichsten sichtbar, wo sich kollektive Erinnerungen verdichten, wo sich Bedeutung bündelt, wie der französische Historiker Pierre Nora sagt. Mir ist das selten so deutlich geworden wie an Navid Kermanis Beschreibung seiner Reise durch das östliche Europa bis nach Isfahan, die er im September 2016 antrat.[1]

Kermani verlässt in Köln das bunte Leben einer Vielvölkergesellschaft hinter dem Bahnhof, wo man Arabisch spricht, Polnisch, Türkisch und Französisch von Afrikanern; wo es türkische Gemüseläden gibt und chinesische Garküchen, iranische Händler, Sexshops und Wettbüros, Kaffeehäuser und Massagesalons, und im Winter gelegentlich ein Stoßtrupp älterer Herren mit Spitzhut und Degen auftaucht – die unvermeidliche Karnevalsgesellschaft eben.

Dann kommt Kermani in den Osten, wo die Gegenwart so gerne Vergangenheit spielt: die Plattenbausiedlung in Schwerin mit ihrer unverhofften Willkommenskultur; das riesige rote Wort »Ost«

1 Navid Kermani, Entlang den Gräben. Eine Reise durch das östliche Europa bis nach Isfahan, München 2017, S. 9.

auf dem Dach der Berliner Volksbühne am Rosa-Luxemburg-Platz; ein paar Bemerkungen zum Schlossimitat und warum es kein Kreuz auf dem Kuppeldach tragen darf, und am Ende das nicht rollkoffergerechte Holocaust-Mahnmal. Dann sind wir schon im Zug Richtung Polen und bei der bestürzend arglosen Frage: »Sind die Züge nach Osten immer so leer?«

Seine Reise nach Osten entlang der Gräben führt Kermani direkt nach Auschwitz, den Ort, an dem es kein Vorbeikommen gibt. Es ist der Ort, an dem sich bis heute entscheidet, wohin man gehört. Kermani macht er zum Deutschen. Es ist einer der großen Momente seines Reiseberichts, wie sich ein bürokratischer Vorgang in eine Lebensentscheidung verwandelt: Zu welcher Gruppe gehöre ich? »Und dann hefte ich den Aufkleber an die Brust, auf dem schwarz auf weiß ein einziges Wort steht: deutsch. Ja, ich gehöre dazu, nicht durch die Herkunft, durch blonde Haare, arisches Blut oder so einen Mist, sondern schlicht durch die Sprache, damit die Kultur.«[2] Auschwitz ist einer jener Orte, die hinter ihrer übermächtigen Bedeutung zu verschwinden drohen. Man muss dort gewesen sein, um ihn für unvorstellbar zu halten. Die »Metapher des Bösen« hat Saul Friedländer Auschwitz genannt.

»Die meisten geschichtlichen Darstellungen von Auschwitz beginnen 1940«, heißt es im Vorwort der

---

2 Kermani, a. a. O., S. 24 f.

bislang wohl umfangreichsten Geschichte dieser Stadt von Robert Jan van Pelt und Debórah Dwork. »Aber für die Erbauer des Konzentrationslagers war, wie für die große Mehrheit ihrer Landsleute in den zwanziger und dreißiger Jahren, Auschwitz in eine deutsche Geschichte eingebettet, die sieben Jahrhunderte zuvor begonnen hatte.«[3] Von einem unsichtbaren Land hat Stephan Wackwitz gesprochen.

Dieser Zusammenhang hat aufgehört zu existieren. Nicht nur real, sondern auch in unserer Vorstellung. Es gibt keine wirkliche Verbindung zwischen jener »Nekropole aus Nacht und Nebel mit ihrer Endstation für Züge aus ganz Europa« und dem nahe gelegenen Oświęcim. Der polnische Name legt sich wie ein Schleier über den Ort.[4] »Auschwitz war einmal eine normale Stadt«, beginnt die Geschichte. Aber man will es nicht glauben. Was kann in dieser Nähe normal sein?

Als ich Auschwitz das erste Mal aufsuchte, kam mir die kleine Waldsiedlung von Buchenwald in den Sinn; dort, wo die Wachmannschaften einst wohnten. Ich bin in den neunziger Jahren fast jeden Tag an ihren gelbgestrichenen, spitzgiebligen Häusern vorbeigefahren, die Kinder spielten und die Wäsche hing draußen. Die deutsche Idylle hat scharfkantige Ränder.

---

3 Robert Jan van Pelt, Debórah Dwork, Auschwitz. Von 1270 bis heute, Zürich/München 1998, S. 11.

4 Pelt, Dwork, a. a. O., S. 17.

Auschwitz liegt in den *Bloodlands*, wie Timothy Snyder die Zone des Mordens im Osten Europas genannt hat, wo 14 Millionen Menschen erst der sowjetischen und dann später in noch viel größerem Ausmaß der nationalsozialistischen Vernichtungspolitik zum Opfer gefallen sind. Alle großen Vernichtungslager der Nazis befanden sich dort; alle großen Mordkampagnen wurden dort exekutiert. Die westlichen Alliierten haben diese Todeszone nie betreten. Die Lager wurden von den Sowjets befreit. Dann senkte sich das große Schweigen der Nachkriegsjahre über dieses Gebiet; einer der Gründe für Timothy Snyder, warum es so lange gebraucht hat, bis man im Westen das ganze Ausmaß dieses Terrors begriff. »Sie sahen nicht nur keinen der Orte, wo die Sowjets Morde begingen, wodurch die Verbrechen des Stalinismus erst nach dem Ende des Kalten Kriegs und der Öffnung der Archive dokumentiert werden konnten, sie sahen auch nie die Orte, wo die Deutschen mordeten, weshalb auch ein wirkliches Begreifen der nationalsozialistischen Verbrechen ebenso lange auf sich warten ließ.«[5]

Auch der Erste Weltkrieg, die Urkatastrophe Europas, wie wir uns angewöhnt haben zu sagen, spielt auf den Kriegsschauplätzen des Westens. Der Stellungskrieg in Frankreich, die Kämpfe in Flandern, die Materialschlachten vor Verdun, die Panzer

5 Timothy Snyder, Bloodlands: Europa zwischen Hitler und Stalin, München 2013, S. 14.

der Briten und schließlich Versailles lassen diesen Krieg wie eine Angelegenheit Westeuropas erscheinen. Dass es daneben einen vergessenen Weltkrieg im Osten gab, der den Auftakt darstellte zum späteren Morden, haben uns zwei polnische Historiker, Włodzimierz Borodziej und Maciej Górny, ins Gedächtnis gerufen. Es geht ihnen nicht darum, die Ereignisse im Osten dem Kriegsgeschehen im Westen noch anzufügen. Auch in seiner blutigsten Vergangenheit war dieser Osten immer Teil unserer ganzen Geschichte.[6]

Navid Kermanis Blick schärft sich auf seiner Reise; seine Beobachtungen werden präziser, seine Beschreibungen dichter. Die untergegangene Vielvölkerwelt des alten Osteuropas beginnt durch die Texte zu schimmern, und das bunte Treiben hinter dem Kölner Hauptbahnhof wirkt wie ein Surrogat. Wir müssen uns wieder von unserer Fixierung auf das Geschriebene lösen, sagt Schlögel, der Vorstellung, dass die Welt ein einziger großer Text sei, der sich im Kaffeehaus oder vom Schreibtisch aus dechiffrieren lasse. »Landschaften sind keine Texte«, so wenig wie Städte. Texte könne man lesen, »in Städte muss man hineingehen«. *Nosing around* haben das die Chicagoer Stadtsoziologen genannt.

Als die machtpolitischen Blöcke 1989 in Bewegung gerieten, wurde auch die Frage nach den

---

6 Włodzimierz Borodziej, Maciej Górny, Der vergessene Weltkrieg. Europas Osten 1912–1923, Darmstadt 2018.

räumlichen Beziehungen in Europa wieder sinnvoll. Seither betreiben wir, so Schlögel, wieder Erdkunde. Oder wie Skeptiker argwöhnen: auch wieder Geopolitik. Das Denken in Räumen widersetzt sich einer linearen Modernisierungsgeschichte und richtet den Blick auf vielgestaltige Landschaften. Es ist das Gleichzeitige des Gleichzeitigen, das wieder sichtbar wird, das Neben- und das Miteinander verschiedener Lebensformen und Erinnerungskulturen. Wer geglaubt hat, dass die globalisierte Welt den Raum endgültig aufsaugt und die geschichtlichen Bodenwellen einebnet, sieht sich getäuscht. Auch das kann man bei Schlögel lernen.

»Kulturlandschaften sind wie geologische Formationen«, sagt er. Jede Generation hinterlasse »eine eigene Schicht, die eine mehr, die andere weniger. Kultur ist Ablagerung. Schicht folgt auf Schicht, Ablagerung auf Ablagerung.« Von den »Erinnerungsdepots« seiner Stadt spricht der Architekt und spätere Bürgermeister von Belgrad, Bogdan Bogdanović, wo die Erinnerungen des keltischen, römischen, ungarischen, türkischen Belgrads immer noch aktiv seien.[7]

Das alte Habsburgerreich ist zu einem gewaltigen Erinnerungsdepot geworden. Noch immer kann man unter allen Zerstörungen »die Grenze der alten kakanischen Welt ausmachen. Es sind keine

7 Bogdan Bogdanović, Die Stadt und der Tod. Essays, Klagenfurt, Salzburg 1993, S. 22.

scharfkonturierten Grenzen, sondern eher Übergänge. Man kann sie an Stadtbildern, Silhouetten, Fassaden, architektonischen Ablagerungen, Gesten und Gewohnheiten ablesen. Was sie auszeichnet, ist nicht ein Privileg, ein Vorzug oder etwas dergleichen, sondern eine spezifische Morphologie«.[8] Karl Marx hat von einer »organischen Zusammensetzung« gesprochen. Man könnte von Kulturmorphologie reden, wenn da nicht zu viel Frobenius oder Spengler mitschwingen würde. Denn eigentlich geht es nur um »gesteigerte Aufmerksamkeit«.

Räume bleiben im kollektiven Gedächtnis, die Erinnerung an sie überdauert. Der Nachhall des Osmanischen Reiches ist auf dem Balkan genauso zu spüren wie der Einfluss Habsburgs in Oberitalien. Das *Regno Lombardo-Veneto* war einmal ein eigenes Königreich, das bis 1866 zu Habsburg gehörte. Die beiden Kronländer galten als österreichische Musterregionen. In Friaul gedenkt man bis heute des Kaisers Franz Joseph; Triest hat seine Bindung an Habsburg nie wirklich verloren. Die südlichste Stadt Nordeuropas, nennt sie der Schriftsteller Mauro Covacich. Ja, selbst in der obskuren Konstruktion von Padanien kann man noch einen späten Nachhall vermuten.

Wenn Räume einen Phantomschmerz empfinden könnten, dann gälte das für die Länder im Osten noch mehr. Um die Erinnerung an das alte Galizien

---

8 Schlögel, Im Raume lesen wir die Zeit, a. a. O., S. 371.

streiten sich gleich mehrere Nationen. Doch das Habsburgische ist an vielen Stellen präsent. Der galizische Teil der Ukraine, schreibt Verena Dohrn in ihrem Reisebericht, »ist nicht Natur, sondern verwilderte Zivilisation«.[9] Auschwitz war einst das »Tor nach Galizien« (Dohrn) und der Habsburger Kaiser trug auch den Titel eines Herzogs von Auschwitz. Galizien, so könnte man seinen großen Wiederentdecker Martin Pollack abwandeln, ist ein schrecklich zu Ende geträumter Traum.

Der historische Raum bewahrt sich sein Wissen. Seine Traditionen mögen erfunden sein. Willkürlich sind sie jedenfalls nicht.

9 Verena Dohrn, Reise nach Galizien: Grenzlandschaften des alten Europa, Frankfurt am Main 1991, S. 7.

Benedicts Erfindung

DASS Traditionen eigentlich erfunden sind, darauf hat zum ersten Mal der Historiker Hugh Trevor-Roper aufmerksam gemacht. Das war der mit den erfundenen Hitler-Tagebüchern. Er hat das an einem Beispiel exemplifiziert, das für einen in Glanton an der nordöstlichen Grenze zu Schottland geborenen Engländer quasi vor der Haustüre liegt: dem schottischen Kilt. Dieser Kilt, wie wir ihn heute kennen, ist keineswegs die uralte Stammesbekleidung, die den Clan seiner Träger verrät. Der Schottenrock, wie er im Deutschen heißt, war wohl so etwas wie eine erste Arbeitsschutzmaßnahme. Der Fabrikbesitzer Thomas Rawlinson soll sie 1725 erfunden haben, weil der *great belt*, der traditionelle lange Rock seiner schottischen Arbeiter am Hochofen viel zu leicht Feuer fing. Zumindest ist das eine der denkbaren Erklärungen. Die Quellenlage ist in diesem Fall nicht ganz eindeutig, aber dass wir die meisten der altehrwürdigen Traditionen der romantischen Sehnsucht verdanken, ist keine neue Erkenntnis.

The Invention of Tradition ist durch den Historiker Eric Hobsbawm erst zum Schlagwort geworden, das weit mehr über unsere Gegenwart verrät als über unsere Vergangenheit. »Den ganzen Stolz«, sagt der aus Siebenbürgen stammende Schriftsteller Richard Wagner, das halbe Selbstvertrauen, und was sonst noch dazugehört, bezögen die kritischen Intellektuellen des 20. Jahrhunderts aus Wendungen wie *nation building* und *inventing* oder dem in Deutschland so beliebten »sich selbst neu erfinden«.[1] Das ist fein beobachtet. Wer seiner Herkunft entkommen möchte, muss sie als eine erfundene deklarieren; dann kann er sich jederzeit neu erfinden.

Die Westdeutschen wollten das nach dem Krieg in Gänze tun, zumindest haben sie es versucht; was sie allerdings nicht davor bewahrt, von ihrer Vergangenheit heimgesucht zu werden. Auch der Ratschlag an die Ostdeutschen nach 1989 war: Ihr müsst euch jetzt neu erfinden. »Inventing Europe« nennt sich ein digitales Museum, das eine transnationale kollektive Erinnerung an das gemeinsame kulturelle Erbe Europas konstruieren will. Auch andere europäische Erinnerungsorte sind so entstanden.

Anfang der achtziger Jahre veröffentlichte der amerikanische Politikwissenschaftler Benedict Anderson ein Buch unter dem gänzlich unspektakulären Titel »Imagined Communities«, dem man auf den ersten Blick kaum angesehen hätte, welchen Einfluss es sehr bald auf die öffentliche Debatte bekommen sollte.[2] Es ist keineswegs eingängig geschrieben und hat auch berechtigte Kritik

---

1 Richard Wagner, Habsburg: Bibliothek einer verlorenen Welt, Hamburg 2014, S. 123.

2 Benedict Anderson, Die Erfindung der Nation. Zur Karriere eines folgenreichen Konzepts, deutsche Wiederauflage, Frankfurt am Main 2005.

erfahren, aber sein Erscheinen im Jahr 1983 gilt als eine kopernikanische Wende in der Betrachtung der modernen Nation. Von der Trias der modernen Nationalismusforschung ist auch die Rede, wenn es um Hobsbawm, Ernest Gellner und Anderson geht. Nationen versteht man seither als modernes Kommunikationsphänomen, was mit allen Vorstellungen von ihrer Ursprünglichkeit und ihrer langen historischen Dauer bricht. Normalerweise wäre das eine akademische Debatte geblieben, wenn sich der missverständliche deutsche Titel »Die erfundene Nation« nicht sehr schnell zu einem Schlagwort entwickelt hätte. Seitdem redet man in Deutschland von der »Erfindung der Nation«, was all denen recht zu geben scheint, die ihre Nation schon immer für bloß erfunden gehalten haben. Die Nation gewissermaßen als Schottenrock der Geschichte.

Man kann Anderson für diese Wirkungsgeschichte nicht verantwortlich machen. Viele seiner deutschen Leser kennen seinen biographischen Hintergrund nicht; sie urteilen aus ihrer eigenen Perspektive. Anderson hat aber den größeren Teil seines wissenschaftlichen Lebens in Südostasien verbracht. Ihm stand der Nationenbildungsprozess in den postkolonialen Ländern vor Augen, vor allem Indonesien hat ihn beschäftigt. Dort hat er die Wirkungsmacht des Nationalen kennengelernt und den Wandel marxistischen Denkens. Das Ende des nationalen Zeitalters, wie es sein Kollege Eric Hobsbawm propagierte, sah er mitnichten gekommen. In seinen Augen war das »Nation-Sein« vielmehr der »am Universellsten legitimierte Wert im politischen Leben unserer Zeit«. Das klingt völlig anders, als man ihn gerne zitiert.[3]

Andersons Buch hat, auch wenn die Kritik daran umgehend einsetzte, einer postnationalen Debatte das entscheidende Stichwort geliefert, was in nicht unerheblichem Maß dazu beitrug, die Entwicklungen in den postkommunistischen Ländern Ost- und Ostmitteleuropas gründlich misszuverstehen. Für deren Rückkehr zum Nationalen fehlte uns nicht nur das politische Sensorium, dafür fehlte uns schlicht der Begriff. Das lässt sich einem einzelnen Autor nicht in die Schuhe schieben, aber seine enorme, von der wissenschaftlichen Seite her kaum zu begründende Wirkung zeigt den Nerv, den er getroffen hat. Die Nation ist passé. Sie war ja, wie Anderson gesagt hat, eh nur erfunden!

Je schmerzhafter die Verwerfungen in der Europäischen Union spürbar werden, desto deutlicher wird, dass uns ein zureichendes Verständnis für die Rückkehr des Nationalen fehlt. Man spricht von aufkeimendem Nationalismus und macht ihn dafür verantwortlich, dass der europäische Einigungsprozess ins Stocken gerät. Es spricht vieles dafür, dass diese Erklärung genau andersherum funktioniert.

---

3 Zitiert nach Samuel Salzborn (Hg.), Staat und Nation. Die Theorien der Nationalismusforschung in der Diskussion, Stuttgart 2011, S. 88.

Weil die Europäische Union in eine Glaubwürdigkeitskrise geraten ist, bekommen die nationalen Bestrebungen wieder Auftrieb.

Der Rückzug auf die eigene Nation erscheint plötzlich als der erfolgversprechendere Weg. Und seine Verfechter lassen sich mit dem Hinweis auf die großen globalen Probleme kaum mehr beeindrucken. Francis Fukuyama warnt heute zu Recht: »Solange es keine Möglichkeit gibt, praktische Prinzipien von Rechtsstaat und Demokratie auf einer höheren als der nationalen Ebene umzusetzen, bleibt die Nation die politisch relevante Bezugsgröße.«[4]

Doch die Rückkehr des Nationalen in den spätmodernen Gesellschaften ist wohl weniger ein politisches als ein kulturelles Phänomen; kulturelle Argumente haben die politischen abgelöst. Nicht mehr die soziale Lage scheint ausschlaggebend, sondern der Wunsch, die Kontrolle über das eigene Leben zurückzuerlangen. Der jüngeren kulturwissenschaftlichen Nationalismusforschung eröffnet sich deshalb eine fast schon »paradox anmutende Perspektive«. Indem sie die »kulturelle Dynamik anstelle sozialer Triebkräfte in der Durchsetzung der Idee der Nation betont, hat sie die kulturelle Wirkungsmacht der Nation als dominantes mentales Ordnungsschema herausgearbeitet, zugleich aber auch die bisherige Gewissheit des Nationalen

---

4 Francis Fukuyama, Stammesdenken zersetzt unsere demokratischen Gesellschaften, in: Süddeutsche Zeitung vom 17. März 2019.

als politischem Ordnungsprinzip preisgegeben.«[5] Das kulturell Nationale als ein Lebensstil des postmaterialistischen Zeitalters.

Werbeleute merken häufig schneller, wenn der Wind sich dreht, und einer, der es besonders schnell merkt, ist der kanadische Medienunternehmer Tyler Brûlé. Er hat das internationale Hochglanzprodukt »Monocle« erfunden; unter den Edelmagazinen eines der edelsten. Das sei wohl die Lieblingszeitschrift, spottet die Branche über *Monocle*, an deren Inhalt sich niemand wirklich erinnern kann. Aber das ist nicht fair. Tyler Brûlé hat neben dem Magazin auch eine Buchreihe erfunden, und diese *»Monocle Guides«* sind für Selbstoptimierer Pflicht. Der *»Monocle Guide to Cosy Homes«* könnte mein Lieblingsbuch werden. 2016 ist aber auch ein *»Monocle Guide«* zur Nation erschienen; genauer gesagt zu der Frage, die sich heute wieder stellt: *»How to Make a Nation«*. Wäre das Buch früher erschienen, hätte es George Bush jun. lesen können, bevor er in den Irak einmarschiert wäre. In diesem Buch kann man lernen, wie man eine Nation baut, ihre Gemeinschaft und ihre Wirtschaft; wie Nation Branding funktioniert oder welche Icons Macht braucht. Seit Tyler Brûlés *»Monocle Guide«* hege ich den begründeten Verdacht, dass die Nation eben doch zum modernen Leben gehört.

---

5 Joachim von Puttkamer, Nationalismus in Ostmitteleuropa – eine Zwischenbilanz, in: Zeitenblicke 6/2007, Nr. 2.

Mentale Osterweiterung

Im Frühjahr 2013 präsentierte das Potsdamer Haus der Brandenburgisch-Preußischen Geschichte eine Ausstellung zur Kunst der Jagiellonen, »Europa Jagellonica«. Der Rezensent der »ZEIT« fragte sich damals amüsiert, ob es sich bei den Jagiellonen womöglich um eine tropische Fruchtsorte, einen harmlosen Virenstamm, leichte Elementarteilchen oder eine osteuropäische Dynastie handele.[1] Sein Sarkasmus war berechtigt. Das Wissen um dieses bedeutende litauisch-polnische Herrscherhaus zu Beginn des frühneuzeitlichen Europas ist außerhalb Polens nur noch vage vorhanden, obwohl sein Einflussbereich einst vom Baltikum bis an die Adria und das Schwarze Meer reichte. Vier Kronen waren schließlich in jagiellonischem Besitz. Doch kam es nicht zu einer Vereinigung der polnisch-litauischen und der böhmisch-ungarischen Herrschaften. Die Gegensätze waren zu groß. Als die Kuratoren der Jagiellonen-Ausstellung damals nach Krakau und Prag auch in Budapest anklopften, bekamen sie von dort nur die spöttische Frage zu hören, ob es sich bei den Jagiellonen womöglich um jenes schwarze

1 Mathias Mesenhöller, Ein früher Traum von Europa, in: Die Zeit vom 7. März 2013.

Loch in der ungarischen Geschichte handele zwischen der Regentschaft von Matthias Corvinus und den Osmanen.

Diese Ausstellungsidee ist zum Paradebeispiel geworden für die vorsichtige Annäherung der Wissenschafts- und Geschichtskulturen nach dem Fall der Grenzen. Sie zeigt ein von großer Sympathie getragenes Bemühen ebenso wie die fast unvermeidlichen Missverständnisse. Dabei waren sich die Initiatoren durchaus bewusst, dass der Weg lang und steinig zu werden drohte; dass Vorurteile, die über Jahrhunderte gewachsen waren, nicht über Nacht verschwinden würden. Um so höher hatte man auf deutscher Seite die Ziele gesteckt. Man wollte einen »Paradigmenwechsel im öffentlichen Bewusstsein« herbeiführen, wollte »zur Erweiterung Westeuropas zum ganzen Kontinent« beitragen und nebenbei noch die alte national verengte Kunstgeschichtsschreibung über Bord werfen. »Wir haben zu lernen und zu vermitteln«, formulierte der Berliner Kunsthistoriker Robert Suckale das Programm dieses Vorhabens, »was das Alte Europa gerade in Blütezeiten wie der Jagiellonen-Ära aus dem engen Austausch der Ideen und Menschen gewonnen hat, damals, als Italienisches und Niederländisches, Lateinisches und Slawisches, Deutsches und Ungarisches miteinander in Kontakt trat und die Menschen offen, lernfähig und beweglich waren.« Diese Ära war nicht nur kulturell herausragend. »Sie hat auch an und für sich etwas Vorbildliches – das wollen wir ganz offen bekennen.«[2] Die Jagiellonen sozusagen als Modell des neuen vereinten Europas, und die Beschäftigung mit ihnen als Muster einer zeitgemäßen transnationalen Sichtweise.

Der in Berlin lehrende polnische Kunsthistoriker Adam Labuda sprach sogar davon, das Problem der Jagiellonen im historischen wie im aktuellen Sinne »internationalisieren« zu wollen. Aber genau das wollten die nach langen Jahren der Sowjetherrschaft in ihre eigene Geschichte zurückkehrenden Nationen Ostmitteleuropas offenbar nicht. So kam es, wie es wohl kommen musste. Von einem spektakulären Projekt dreier Nationen blieb am Ende nur eine feine kleine Kabinettsausstellung übrig, der alle Anerkennung gebührt, die aber doch nicht zum erhofften Debüt auf der internationalen Kulturbühne wurde. Man hat sie mit Erfolg in Kutná Hora gezeigt, dem deutschen Kuttenberg, in Warschau und dann auch in Potsdam. Aber das Königsschloss auf dem Krakauer Wawel blieb ihr ebenso verschlossen wie der Hradschin in Prag; zumal man sich mit dem Prager Kunsthistoriker Jiří Fajt zwar einem ausgewiesenen Kenner der höfischen und sakralen Kunst des europäischen Spätmittelalters geholt hatte, zugleich aber einen erklärten Gegner der nationalen Geschichtspolitik seiner Heimat.

---

2 Robert Suckale, Eröffnungsrede, in: Die Jagiellonen. Kunst und Kultur einer europäischen Dynastie an der Wende zur Neuzeit, herausgegeben von Dietmar Popp, Robert Suckale, Germanisches Nationalmuseum, Nürnberg 2002, S. 16.

Man hat ihm lange die Professur verweigert und ihn unter internationalen Protesten als Direktor der Prager Nationalgalerie entfernt. Das sei der »Bazillus des Ostens«, sagt die tschechische Literatin Radka Denemarková, der im Körper der Menschen noch wüte. Zu schnell werde vergessen, »dass die vor drei Jahrzehnten schwer erkämpfte Freiheit keineswegs selbstverständlich ist«.[3]

Dabei hat gerade die Ausstellung über die Jagiellonen maßgeblich dazu beigetragen, dass eine große Dynastie auch außerhalb Polens und Tschechiens wieder sichtbar wurde, die über ein »weit offenes Mitteleuropa« herrschte, »in dem Künstler und Stile, Bürger und Edelleute, Ideen und Waren hin und her« strömten, wie die »ZEIT« damals notierte.[4] Aber das war offenbar das Problem für die polnischen und tschechischen Mitstreiter: das Verblassen der eigenen nationalen Sicht zugunsten einer gesamteuropäischen Perspektive. Man kann das an den unzufriedenen Bemerkungen einiger Krakauer Kunsthistoriker ablesen, die der Ausstellung vorwerfen, viele Objekte aus ihrem historischen Kontext zu reißen. Sie drücken das akademischer aus, aber am Ende stört sie der fremde Blick. Für die Polen verkörpert die Herrschaft der Jagiellonen ihr goldenes Zeitalter; für die Tschechen

---

3 Radka Denemarková, Wir leben in einem tragischen Land, in: Süddeutsche Zeitung, 7. Mai 2019.

4 Mathias Mesenhöller, a. a. O., Die Zeit vom 7. März 2013.

eine eher blasse Dynastie, und die Ungarn halten sie ohnehin für ein historisches Intermezzo. Aus Sicht der Leipziger Ausstellungsmacher haben die Jagiellonen vor allem »die historischen Wurzeln für ein modernes Europa gelegt«.[5] Für die Polen sind sie die größtmögliche Ausdehnung ihrer Nation.

Fast ungewollt hat diese Jagiellonen-Ausstellung das Kardinalproblem der Osterweiterung deutlich gemacht. Der sich postnational verstehende Westen trifft auf Länder im Osten, die als selbstbewusste Nationen nach Europa zurückkehren wollten und nicht als Anhängsel einer transnationalen Struktur. Den ehrlich gemeinten Versuch, alte Sichtweisen und Grenzziehungen zu überwinden und das vereinte Europa als große, gemeinsame Kulturlandschaft zu begreifen, hat man auf östlicher Seite nicht nur als Chance empfunden. Die Neugier und Aufbruchsstimmung, die noch kurz nach der Jahrtausendwende die Fachleute in Berlin zusammengeführt hatten, um gemeinsam über den Stand der Kunstgeschichtsschreibung in Ostmitteleuropa zu diskutieren, schien wieder einer größeren Skepsis zu weichen. Die Hoffnung jedenfalls, die Klaus Zernack, der Nestor der deutschen Osteuropageschichtsschreibung, damals formulierte, dass Traditionskritik künftig Traditionsstiftung ablösen würde, hat sich nicht eingestellt. Man muss fast

---

5 Susanne Jaeger, Die Jagiellonen. Polens vergessene Dynastie, in: Märkische Oderzeitung vom 1. März 2013.

von einer gegenläufigen Entwicklung sprechen. Doch die eigentlichen Konflikte entzünden sich heute nicht mehr an der Wissenschaft, sondern an der Frage der jeweiligen Erinnerungskultur. Das hat mit einer immer noch fragilen Selbstwahrnehmung zu tun. Aber auch mit neuen Missverständnissen und einer wieder wachsenden Distanz. Seit drei Jahren habe sie das Gefühl, sagt Radka Denemarkowá, »dass manche wieder die Mauer zwischen Ost und West errichten möchten.« Es gebe noch immer eine mentale Grenze, »und sie verläuft auch durch Deutschland«.[6] Die Fremdheitsgefühle wachsen, die Abstoßungsreaktionen auch. Europa reagiert auf sich selbst; man könnte fast von einer Autoimmunerkrankung sprechen.

Vom »Land des Hasses« hat die »Süddeutsche Zeitung« unlängst geschrieben, als sie den Mord an Danzigs Oberbürgermeister Pawel Adamowicz kommentierte. Das war eine furchtbare Tat, und sie ist in einem bestimmten Klima gereift. Aber daneben gibt es das andere, das weltoffene liberale Polen, das zwar leiser geworden ist, aber nicht aufgehört hat zu existieren. Als das rechtsgerichtete Magazin »wSieci« den Warschauer Zeithistoriker Włodzimierz Boroziej bezichtigt, sich »deutscher historischer Propaganda« zu bedienen, haben sich sofort 200 polnische und ausländische Wissenschaftler mit ihm solidarisiert.

6 Radka Denemarkowá, a. a. O.

Es ist das eigene Geschichtsbild, um das in Polen heute erbittert gerungen wird. Denn es steht plötzlich das Selbstverständnis von der eigenen Opferrolle zur Disposition. Aber dies ist vor allem ein innerpolnischer Konflikt, kein Konflikt mit den europäischen Nachbarn. Wer dagegen einen Blick in die einschlägige Geschichtsliteratur der vergangenen Jahre wirft, in die gemeinsame deutsch-polnische Schulbuchkommission, die Auswirkungen hatte auf den polnisch-ukrainischen und selbst den polnisch-russischen Dialog; und mehr noch: die monumentalen, fünf Bände umfassenden »Deutsch-Polnischen Erinnerungsorte«, der wird einen intellektuellen Gleichklang vorfinden, der beeindruckend ist. Das erste, was man dabei lernen kann, ist die Eigenständigkeit der polnischen Erinnerungsforschung, die im Westen kaum einer kennt. Noch bemerkenswerter aber ist dieser deutsch-polnische Erinnerungsdialog selbst, der nicht der Versuchung erliegt, eine gemeinsame Identität stiften zu wollen, sondern um die Bedeutung der jeweils anderen Memorialkultur weiß. Vielleicht kann dies wirklich nur in einem Raum gelingen, in den sich verschiedene Erinnerungen eingegraben haben, und dessen Orte sich, wie Robert Traba es formulierte, so erzählen lassen, »dass das vorgefundene ›fremde‹ Gedächtnis« mit der Erinnerung der zugewanderten Familien verbunden wurde. Das Aufeinandertreffen unterschiedlicher Erzählungen über die Vergangenheit »führt zu einer neuen Qualität«, vielleicht sogar eines Tages zu einem gemeinsamen Geschichtsbewusstsein.

Als die große Berliner Polen-Ausstellung im Jahr 2011 Jan Matejkos berühmtes Monumentalgemälde der Schlacht bei Grunwald, »Bitwa pod Grunwaldem«, in den Lichthof des Martin-Gropius-Baus hängen wollte, legten sich die Warschauer Restauratoren und Museumsfachleute quer. Wer allerdings weiß, unter welchen Umständen das Bild entstanden ist und wie es vor den deutschen Besatzungstruppen gerettet wurde, der kann verstehen, dass man ein solches Bild ungern verleiht. Zehn Millionen Reichsmark hatte Goebbels während der deutschen Besetzung für die Auffindung ausgesetzt. Es war bis Kriegsende in einer Scheune bei Lublin vergraben. Noch heute ist es ein besonderer Erinnerungsort der Polen.

Doch Tannenberg, wie die Schlacht im deutschen Gedächtnis heißt, ist auch zum »generationentrennenden Topos« geworden.[7] Deutschlands junge Generation kennt ihn kaum mehr; für die jungen Polen aber beginnt längst die Entmystifizierung. Noch immer geloben die Pfadfinder auf dem Schlachtfeld von Grunwald ihre Treue zur polnischen Nation. Alljährlich findet das größte Historienspektakel Europas dort statt. Beim 590. Jubi-

---

7 Frithjof Benjamin Schenk, Tannenberg/Grunwald, in: Deutsche Erinnerungsorte, herausgegeben von Etienne François, Hagen Schulze, München 2003, Bd. I, S. 454.

läum der Schlacht im Jahre 2000 fiel der Darsteller des Königs Władysławs II. Jagiełło so unglücklich vom Pferd, dass er ärztlich versorgt werden musste. Der Krankenwagen soll damals mit lauter Sirene und Blaulicht aufs Schlachtfeld gefahren sein. Das war die Pointe des Tages, und ganz Masuren lachte sich schlapp.[8]

Die polnische Journalistin Kaja Puto beschreibt eine ähnliche Begegnung mit polnischen Schülerinnen im »Haus des Terrors« in Budapest, die sich von der düsteren Geschichte Ungarns im 20. Jahrhundert nicht im geringsten mehr beeindrucken lassen. Sie raufen sich lieber darum, »wer als erste unter den stalinistischen Galgen treten« darf. »Aus dem Ernst der Ausstellung machten sie sich einen Jux.«[9]

Das Beispiel zeigt den Generationenwechsel, der sich gerade in den postsowjetischen Gesellschaften vollzieht. Eine Generation, die bereits in der Freiheit geboren wurde, geht mit dem Erbe des Kommunismus verständlicherweise anders um als die Generation ihrer Eltern. Puto sieht sogar Anzeichen von »Widerstand gegen die Mode des Patriotismus«. Trotzdem beschreibt sie ein anderes Bild der polnischen Jugend, als es viele westliche Beobachter für möglich halten. Es sind gerade nicht die alten

---

8 Das Polenmagazin vom 12. Juli 2010.

9 Kaja Puto, Fernab vom Zentrum. Die Enttäuschung der Jungen, in: Polska first, a. a. O., S. 57.

Männer, die zu den Rechtspopulisten neigen. Der weiße Haarschopf dominiert vor allem bei den großen Demonstrationen gegen die Regierung der PiS. »Die Jungen trifft man eher auf dem radikal nationalistischen Unabhängigkeitsmarsch.« Auch wenn es westlichen Beobachtern schwerfällt zu glauben, der jugendliche Protest in Polen steht mehrheitlich rechts, und er richtet sich gegen ein liberales Establishment, das von der Zugehörigkeit zu Europa profitiert: die weißen Frotteesockenträger eben, wie man sie gerne nennt.

Hätte man diese Entwicklung vermeiden können, fragt Puto. Und ihre Antwort ist simpel: Wenn die Europäische Union und ihre Befürworter »von Anfang an auf eine politische Identität gesetzt« hätten. »Ich war neun Jahre alt, als Polen der Nato beitrat, und vierzehn, als das Land in die EU kam. In der Schule spielten wir die Europahymne auf der Flöte, und in Gemeinschaftskunde büffelten wir die Struktur der europäischen Institutionen. Aber niemand erklärte uns, was eigentlich diese europäischen Werte waren.« Statt dessen warb die Politik mit »warmem Wasser aus der Leitung«.

Diese Enttäuschung teilt sie mit vielen ihrer Generation in Polen. Der Journalist Jan Pallokat ist der Frage nachgegangen, woher das rührt. »Ich empfinde so«, antwortet ihm Marcin Gwardys aus dem Dorf Coniew südöstlich von Warschau. »Fotos von früher zeigen einen jungen Mann mit sehr langen Haaren, Schminke im Gesicht, man kann ihn schwer ausmachen im Quartett der vier ebenfalls langhaarigen Freunde, die sich dem ganz harten Rock verschrieben hatten. *Heresy* (Häresie) nannten sich die vier, und sie spielten Deathmetal, die satanische Spielart des Hardrocks.« Heute hängt in Gwardys' Haus »das Kreuz richtig herum und da, wo es hingehört, über der Haustür«. Es ist eine Gewissensentscheidung, sagt er. »Ich identifiziere mich mit Werten, die auf der rechten Seite vertreten werden.«[10] Auch die Studentin Natalia Janikowska aus einem Dorf in Kaschubien hält sich für eine Patriotin, keine Nationalistin. »Wir Polen wollen selbst entscheiden, wie wir leben wollen«, sagt sie. Jedes Land habe »seine eigene Geschichte und daraus resultierend seine eigenen Werte«.[11]

Das kulturelle Gedächtnis einer Gesellschaft handelt eben nicht davon, was war, sondern wie es erinnert wird. Es geht nicht um die fundierte, sondern um die fundierende Geschichte. Gründungsmythen, so Aleida Assmann, sind »die Basis von Institutionen und das Bindemittel von ›vorgestellten Gemeinschaften‹. Sie definieren historische Erfahrungen und konturieren unser Selbstbild.« Sie werden auch nicht dadurch abgewählt, dass die Wissenschaft ihre Faktizität bezweifelt, sondern dass sich die »vorgestellte Gemeinschaft« darin nicht mehr

---

10 Jan Pallokat, Die Mitte steht rechts. Erkundungen unter Sympathisanten der PiS, in: Polska first, a. a. O., S. 62.

11 Jan Pallokat, a. a. O., S. 77.

wiedererkennt, sich nicht mehr mit ihnen zu identifizieren vermag.[12]

Matejkos Gemälde durfte seinen angestammten Platz nicht verlassen. Seither ringt man in Polen um das Bild der eigenen Geschichte, aber eigentlich geht es um das kulturelle Gedächtnis. Vor etwa drei Jahren, sagt die Studentin Natalja, habe ein Stimmungsumschwung eingesetzt. Damals »wurden Geschichte, heimische Traditionen, das Nationale plötzlich wichtiger. Heute haben wir eine ganz andere Generation, die stolz sein will auf ihr Land«.[13]

---

12 Aleida Assmann, Was ist so schlimm an einem Hammer, in: Rotary Magazin vom 1. Januar 2017.

13 Jan Pallokat, a. a. O., S. 78.

Verwilderte Zivilisation

Der Wetterbericht vom 21. März 2019 meldete ein »Hoch«, das der Region vom Schwarzen Meer bis nach Galizien Sonnenschein bringen würde. Das Hoch »Hannelore«. Ich wüsste nicht, wann ich das Wort Galizien jemals in diesem Zusammenhang gehört hätte. Von Galizien war immer in einem anderen Zusammenhang die Rede – wenn es um große Namen ging wie Martin Buber oder Josef Roth oder Manés Sperber. Sie verbinden sich bis heute mit dieser Landschaft, die im Westen kaum einer mehr kennt.

Als Landschaft ist Galizien vor langer Zeit aus der Landkarte gefallen; wurde eine dieser Gegenden im östlichen Nirgendwo, die im furchtbaren 20. Jahrhundert untergegangen waren. Man muss sie räumlich zuordnen, um zu erklären, wo sie überhaupt liegt. Irgendwo um Lemberg. Doch wo liegt Lemberg? »Zur Kenntnis zu nehmen, dass Galizien keine dem Untergang geweihte, sonderbare Eintagsfliege, sondern für seine Bewohner eine viele Generationen andauernde Realität war«, schreibt der britische Autor Simon Winder in seinen Erkundungen des habsburgischen Europa, das bedeute »ein Umdenken«; ein Umdenken, »das eine wichtige Vorbedingung für das Verständnis der europäischen Geschichte darstellt«.[1]

---

1 Simon Winder, Kaisers Rumpelkammer: Unterwegs in der Habsburger Geschichte, Reinbek 2014.

Der österreichische Schriftsteller Martin Pollack war wohl der erste, der sich Mitte der achtziger Jahre vom Westen her wieder aufmachte, Galizien neu zu erkunden. Das war zu der Zeit, als Milan Kundera über die Tragödie des gekidnappten Mitteleuropas schrieb und Karl Schlögel diese Mitte plötzlich weiter im Osten sah. Wenige Jahre später trat die deutsche Literaturwissenschaftlerin Verena Dohrn ihre Reise nach Galizien in der Hoffnung an, »durch die Schrecken der Geschichte hindurch noch etwas von der alten Schönheit« dieser Landschaft entdecken zu können, von ihrer »einzigartigen Vielvölkerkultur«, von einer Welt, wie sie vor jenem »einunddreißigjährigen Krieg« bestand, der Galizien von 1914 bis 1945 heimsuchte. Eine Welt, von der Paul Celan einst sagte, dass in ihr »Menschen und Bücher lebten«.

Die Bücher gibt es noch; die Menschen hat man verloren.

Die Städte, durch die Simon Winder geht, existieren oft nur noch den Gebäuden nach – und manchmal auch nur nach dem Namen. Ein Gang durch den Krakauer Stadtteil Kazimierz ist ihm »unerträglich«. Die Geräusche des Familienlebens sind wie früher, »aber sie werden von anderen Menschen erzeugt«.[2] »In Städten wie Lwiw oder Ivano-Frankivsk wurde fast die gesamte Bevölkerung getötet oder vertrieben – weil sie jüdisch war, weil sie

2 Winder, a. a. O., S. 662.

polnisch war, weil sie deutsch war, weil sie wohlhabend war, weil sie für die Nationalsozialisten, für die Kommunisten war.«[3] Der Autor findet ihre Spuren auf dem Lytschakiwski-Friedhof von Lemberg, so der deutsche Name von Lwiw, »denn hier ist es möglich, den vielen Gruppen zu begegnen, Gruppen unterschieden nach Rasse, Sprache, gesellschaftlichem Status; Gruppen, die in ihrer Vielfalt die einzigartig vielschichtige und merkwürdige Kultur Galiziens geschaffen haben; Gruppen jedoch, die es alle nicht mehr gibt«.[4] Jahrzehntelang war das »ein Ground Zero nationalistischen, politischen Terrors, abwechselnd in Stücke zerschmettert von rachedurstigen Nationalsozialisten, Sowjets und Ukrainern, zuletzt in ein LKW-Depot umgewandelt«.[5] – Verwilderte Zivilisation, wie Verena Dohrn sagt, die man an den Rändern der alten Sowjetunion so häufig antrifft.

Die »New York Times« rühmt Winders poetische Kraft und sieht es als seine Stärke an, dass er einen Raum durchstreift, den es so gar nicht gibt; den er »Danubia« nennt und nicht Danube. Nur zwei andere Buchstaben, »but an ocean of new meaning«. Jüngere polnische Historiker schauen sich dieses Meer an Bedeutung dagegen viel kritischer an und sehen Galizien heute als Erinnerungsort der polnischen wie der deutschen Geschichte. Für die

---

3 Winder, a. a. O., S. 663.
4 Winder, a. a. O., S. 663.
5 Winder, a. a. O., S. 663.

Polen war Galizien die Keimzelle ihrer staatlichen Unabhängigkeit, das polnischste unter den polnischen Ländern, viele sagen: ihr polnisches »Piemont«. Die Deutschen dagegen haben sich die alte Habsburger Brille aufgesetzt und sehen ein fernes, exotisches Land, »wo sich die westliche Zivilisation mit der Welt traditioneller, fast ›außerhalb der Geschichte‹ lebender Gemeinschaften vermengt hat«[6]. Ein Land der »Gegenmoderne«, ein »reiches Land der armen Leute«, wie eine deutsche Anthologie in den frühen neunziger Jahren hieß.

Dann setzen sich diese Deutschen eine neuere Brille auf, »durch die sie auch die Geschichte erkennen, mit dem Bewusstsein für Schuld und Verantwortung für die Zerstörung dieser Welt und die Vernichtung ihrer Einwohner«[7]. Kann man aus einer Region stammen, die es gar nicht mehr gibt, fragt der israelische Soziologe Natan Sznaider, Kind staatenloser Eltern aus Polen? Ein Drittel der Einwohner von Lemberg war jüdisch. Es war die Stadt der Schriftgelehrten, der jüdischen Aufklärung, überhaupt der jüdischen Hochkultur. Heute, schreibt Sznaider, ist Lwiw eine ukrainische Landschaft, die sich »an die Juden erinnern will«. Bei der Einweihung eines Denkmals für die von den Nazis

6 Adam Kozuchowski, Werner Nell, Galizien, in: Hans Henning Jahn, Robert Traba, 20 Deutsch-polnische Erinnerungsorte, a. a. O., S. 148.

7 Natan Sznaider, Traumrepublik Galizien. Ein Essay, in: Der Tagesspiegel vom 18. September 2016.

zerstörte Synagoge »Goldene Rose« fallen Sznaider die Worte Kafkas ein: »Oh Hoffnung genug, unendlich viel Hoffnung, nur nicht für uns.«[8]

»Anatevka«, die amerikanische Musical-Adaption von »Tewje, dem Milchmann« des jiddisch schreibenden Dichters Scholem Alejchem, wurde in der späten Bundesrepublik zu einem Riesenerfolg. In der Hauptrolle der Inszenierung am Théâtre Marigny in Paris glänzte damals der Sänger Ivan Rebroff, der eigentlich Hans Rolf Rippert hieß, aus Spandau bei Berlin.

»Unsere Strände der Zeit sind eben schmal und steril« geworden, hat Lothar Baier bemerkt, »eine kreolische oder auch eine jiddische Sprache könnte sich darauf nicht mehr entwickeln.«[9]

---

8 Natan Sznaider, a. a. O.

9 Zitiert nach Schäfer, a. a. O., S. 149.

Pizza-Connection

VIELLEICHT haben wir immer zwei Dinge miteinander verwechselt: die wachsende Distanz der Ostmitteleuropäer zur EU mit ihrer besonderen historischen Affinität zu Europa. Ausgerechnet den Ländern das europäische Bewusstsein streitig machen zu wollen, die sich jahrhundertelang als Bollwerk des Abendlandes verstanden haben, als die berühmte *antemurale christianitatis*, die den Kontinent vor Invasoren beschützt hat, zeugt von großer Unkenntnis der Geschichte Europas. Dass die Serben auf dem Amselfeld, die Ungarn in der Schlacht von Mohács, die Polen vor Wien für Europa geblutet haben, ist tief in ihr kollektives Gedächtnis eingebrannt. In diesen Ländern braucht man keinen Nachhilfeunterricht aus dem Westen, um zu wissen, was Europa bedeutet. Niemand käme dort ernsthaft auf den Gedanken, Europa den Rücken zu kehren. Für Oskar Halecki haben die Nationen Ostmitteleuropas nicht ein numinoses »Abendland« verteidigt, sondern sehr konkret die westliche Zivilisation. »Wir Polen glauben«, schrieb Halecki 1934, »ein ähnliches Kulturverdienst wie die Deutschen in Anspruch nehmen zu dürfen, da wir unsererseits, als wir uns schon dem christlich-abendländischen Westen ganz angeschlossen hatten, seine Kultur nach dem Osten hin verbreitet haben, und zwar auf eine Weise, die uns dem Geiste europäischer Gemeinschaft mehr zu entsprechen scheint.«[1]

In Polen ist man sich seit Jahrhunderten bewusst, wie sehr das eigene Schicksal vom Verhältnis zu den europäischen Nachbarn abhängt. Das ist eine Folge der Teilung. Die Polen haben im Verlauf ihrer Geschichte deshalb immer wieder darüber nachgedacht, wie eine politische Ordnung zumindest für das östliche Mitteleuropa aussehen könnte. Der Rückgriff auf die Jagiellonen-Idee entsprang nicht nur nationalem Wunschdenken; darin drückte sich auch die Suche nach historischen Vorbildern aus. Den polnischen Konzepten eines föderierten oder konföderierten Europa, so die polnische Historikerin Małgorzata Morawiec, »lag ein anderes, zu westeuropäischen Entwürfen vielleicht in mancher Hinsicht komplementäres, auf jeden Fall in der eigenen Geschichte verankertes und durch sie tradiertes Verständnis eines europäischen Zusammenlebens zugrunde«.[2] Aber es gibt diese Idee von Europa.

In der polnischen Selbstreflexion lässt man heute wenig Zweifel daran, dass diese Entwürfe »fern jeglicher Realität« waren. Aber die Leidenschaft, mit der sie diskutiert wurden, beweist eine Leidenschaft

1 Oskar Halecki, Grundlagen der jagiellonischen Idee in der polnischen Geschichtsschreibung, o. O., 1934/35.

2 Małgorzata Morawiec, Antiliberale Modernisierung. Autoritäre Europakonzeptionen im Polen der Zwischenkriegszeit, in: Zeithistorische Forschungen 3/2012, S. 410.

für Europa, die sich nicht in der eigenen Selbstwahrnehmung erschöpft. Es gibt diese spezifisch östliche Tradition; sie lässt sich nicht mit der Rolle eines nachholenden Beitrittsgebiets abspeisen.[3] »Für einige Zeit«, erinnert sich Jacques Rupnik, der einmal Berater Václav Havels war, »gab es die Erwartung oder messianische Illusion, Mitteleuropa könnte maßgeblich die Identität eines wiedervereinigten Europas neu bestimmen.« Aber diese Mitteleuropaerzählung zerfaserte alsbald »in den nüchternen Prozess und die normative Agenda der EU-Erweiterung«. Die Enttäuschung darüber ist solchen Sätzen immer noch anzumerken.[4]

Wir spüren heute immer mehr, wie sehr dem erweiterten Europa ein gemeinsamer Gründungsmythos fehlt, in dem auch die Erinnerungskultur Osteuropas ihren Platz hätte. Es wiederholt sich dieselbe Enttäuschung wie im wiedervereinten Deutschland. Die friedliche Revolution, die Befreiung vom Kommunismus, war vor allem die Sache des Ostens; sie hat den siegreichen Westen nie in einem gemeinschaftsstiftenden Sinne erreicht. Auch das Gründungspatent dieser europäischen Union war ein Patent ohne den Osten. Es sind die verblichenen Bilder der fünfziger Jahre, von den Römischen Verträgen oder dem Händedruck vor

3 Małgorzata Morawiec, a.a.O., S. 426f.

4 Jacques Rupnik, in: Lettre International, Nr. 111, Winter 2015, S. 28.

Verdun, die heute für ein Europa werben sollen, das Prag oder Budapest wieder umfasst, Warschau, Krakau und Vilnius.

Die Mitteleuropäer haben sehr schnell lernen müssen, dass sich ihr Verständnis von Europa mit dem der EU nicht deckt. Für sie waren die Menschenrechte noch immer ein Teil der europäischen Kultur. Im Westen definiert man sich heute über universale Werte und lehnt eine kulturalistische Lesart Europas strikt ab. Schon die simple Bezeichnung »europäische Zivilisation« gilt inzwischen als ein Tabu. Dieses fulminante Missverständnis war immer vorhanden, die Flüchtlingskrise hat es nur sichtbar gemacht. Plötzlich, schreibt Rupnik, erkannten sie alle »das Anderssein dessen, was einmal das ›andere Europa‹ war«.[5]

Die Flüchtlingskrise ist tatsächlich zur großen Wende geworden. Seither haben sich die Vorstellungen voneinander verändert und die Erzählungen übereinander auch. Vor zwanzig Jahren galt Ungarn »als das liberalste, weltoffenste und europafreundlichste der Länder, die sich aus der sowjetischen Umklammerung befreit hatten«.[6] Noch 2009 lautete das Motto der tschechischen EU-Ratspräsidentschaft: »Europa ohne Barrieren«. Der Umgang mit der Flüchtlingskrise hat einen schmerzhaften

---

5 Jacques Rupnik, a. a. O., S. 28.
6 Jacques Rupnik, a. a. O., S. 28.

Keil zwischen die alten und neuen Mitgliedsstaaten der EU getrieben.

Man könnte es freilich ganz anders sehen: Wir hatten uns schon damit abgefunden, dass dieses größere Europa ein leidenschaftsloses Bündnis war, ohne Aufbruch und ohne Idee. Seit der Flüchtlingskrise ist das anders geworden. Sie verbindet die Stimmung im Osten mit einer Stimmung im Westen, die auch dort fast die Hälfte der Menschen erfasst hat. Die Migrationsfrage ist eine zutiefst europäische Angelegenheit geworden, und sie betrifft den Osten so sehr wie den Westen. In der Rückschau wird man feststellen, dass diese Krise zu einem tatsächlichen europäischen Erinnerungsort geworden ist, dem ersten in diesem Jahrhundert.

Man muss sich bei dieser Gelegenheit nur einmal die Alternativen vor Augen führen, die das großangelegte Werk über »Europäische Erinnerungsorte« versammelt, das vor einigen Jahren erschienen ist. Der Zeitgeist erklärt sich darin selbst zu seinem eigenen Erinnerungsort, und kein Stichwort des guten Gewissens wird ausgelassen.[7] Dieses Werk zeigt wider Willen, wie schwierig es ist, eine gemeinsame europäische Gedenkkultur am Beispiel zu fassen. Sehr viele Stichworte handeln im Plural (Reiterdenkmale) oder ziehen sich auf allgemeine

---

7 Europäische Erinnerungsorte: Mythen und Grundbegriffe des europäischen Selbstverständnisses, herausgegeben von Pim den Boer, Heinz Duchhardt, Georg Kreis, Wolfgang Schmale, 3 Bde., München 2011; Bd. II, S. 325.

Begriffe zurück (Teilhabe am Politischen), und wo es konkret wird, da wird es gleich ziemlich trivial. »Wenn sich im gemeinsamen Haus Europa alle an einen Tisch setzen, dann kann es nur ein Gericht geben, das alle kennen, das von allen akzeptiert wird und das allen schmeckt.« Gemeint ist die Pizza. Die gibt es tatsächlich »mit allem«.

Wenn Ivan Krastev von »Europadämmerung« spricht, dann meint er eigentlich die Dämmerung der Europäischen Union. Sie war eine Idee »auf der Suche nach einer Realität«. Aber womöglich läuft diese Suche inzwischen andersherum. Die europäische Wirklichkeit sucht nach ihrer Idee. Krastev setzt deshalb an den Anfang seines Nachdenkens über Europa das Ende von Habsburg. Das ist ziemlich überraschend und spektakulär. Denn nach dem Untergang Roms ist Habsburg für das gebildete Europa die größtmögliche Chiffre für den Verfall. Aber so billig ist das gar nicht gemeint. Wäre das österreichisch-ungarische Staatsexperiment nämlich erfolgreich gewesen, zitiert er zum Auftakt den ungarischen Politiker und Soziologen Oszkár Jászi aus dem Jahr 1929, dann »hätte die Habsburgermonarchie auf ihrem Territorium das fundamentalste Problem des heutigen Europas gelöst«. Die Frage nämlich, wie es gelingen kann, »Nationen mit unterschiedlichen Idealen und Traditionen trotz ihrer Individualität so zu einen, dass jede ihr besonderes Leben bewahren kann, zugleich aber die nationale Souveränität ausreichend zu beschränken, um eine friedliche und erfolgreiche internationale Zusammenarbeit zu ermöglichen«.[8]

Man reibt sich die Augen. Habsburg nicht wie gewohnt als düsteres Menetekel, sondern als ein mögliches Zukunftsmodell. Krastev steht mit diesem Hinweis nicht allein. Habsburg liegt plötzlich wieder in der Luft. Dieses so operettenhaft wirkende Reich, das lange belächelt wurde, beginnt zur großen Projektionsfläche unseres krisengeschüttelten Kontinents zu werden. Auf Habsburgisch könnte Europa womöglich gelingen. Eine Vergangenheit sucht sich ihre Zukunft. »In fact, the liberal policies of the Habsburg empire may offer some useful lessons for the E. U.«, schreibt der amerikanische Osteuropaspezialist Larry Wolff fast zeitgleich in der »Washington Post«.[9] Für Wolff, dessen Familiengeschichte, wie man bei dieser Gelegenheit erfährt, selbst habsburgisch war, wird Kaiser Franz Joseph zum modernen Herrscher einer liberalen konstitutionellen Monarchie. »One hundred years after the abolition of Austria-Hungary, this liberal tradition might provide the flexibility necessary to integrate and reconcile diverse ethnic and religious populations while respecting their cultures and identities.«

Diese Neubewertung kommt nicht überraschend; sie liegt geradezu im Trend, zumindest bei den

---

8 Ivan Krastev, Europadämmerung, a. a. O., S. 8.

9 Larry Wolff, in: Washington Post vom 6. Juli 2018.

jüngeren englischsprachigen Historikern, die sich nicht mit der Konstruktion künstlicher Geschichtsräume aufhalten, sondern sich den alten, historisch gewachsenen Landschaften auf eine geradezu liebevolle Weise wieder zuwenden. Den Anfang bei Habsburg machte der amerikanische Mitteleuropahistoriker John Deak mit seinem Buch »Forging a Multinational State«. Schon er widersprach dem gängigen Bild des unweigerlichen Verfalls. Als nächster kam der am Europäischen Hochschulinstitut in Florenz lehrende Historiker Peter M. Judson, dessen große Monographie den Paradigmenwechsel in der Sicht auf Habsburg mit Pauken und Trompeten vollzog. Die Habsburgermonarchie sei keineswegs an sich selbst zugrunde gegangen; sie habe bis zum Beginn des Ersten Weltkriegs sogar gut funktioniert. Ihr schleichender Zerfall sei ein Mythos gewesen.

An diesem Mythos haben freilich die größten Schriftsteller des Kaiserreichs mitgewirkt. Ihre Sterbeszenen Habsburgs sind Weltliteratur geworden. »Es war, als fielen die Helme und Uniformen, die Abzeichen der Chargen und die kaiserlichen Monogramme der Kokarden von den Männern ab, als schwänden die Pferde und die Sättel hinweg und es bliebe nichts übrig als ein paar Hundert nackte polnische, rumänische oder ruthenische Bauern, die gar keinen Sinn mehr dafür hatten, unter dem Zepter des Kaisers die Verantwortung für das Schicksal der Welt mitzutragen.« So steht es in Alexander

Lernet-Holenias Roman »Die Standarte«. Das hat unser Verständnis von Habsburg über Generationen geprägt. Doch Judson sieht es ganz anders. In seinen Augen hat dieses Reich genau das besessen, was der Europäischen Union heute fehlt: die erstaunliche Fähigkeit, innere Konflikte über lange Zeit auszubalancieren. Das Wort vom Völkergefängnis hat die damalige Propaganda geprägt.

Habsburg ist kein Sonderfall. Auch das alte Deutsche Reich, das wir lange nur mit den Augen des 19. Jahrhunderts als eine »mottenzerfressene Hülle« (Joachim Whaley) betrachtet haben, erfährt plötzlich eine grundsätzliche Neubewertung; so dass man schon von einer regelrechten »Reichseuphorie« unter den Historikern gesprochen hat. Selbst über das Osmanische Reich urteilen wir heute anders. Dieser »kranke Mann am Bosporus«, als der er uns in Erinnerung geblieben ist, war eben nicht immer die sieche Gestalt. In unseren Augen war das Osmanische Reich ein hoffnungslos überdehnter Herrschaftsraum ohne Aufklärung, ohne Bürgertum, ohne industrielle Revolution, der dann schließlich unter den Schlägen der europäischen Kolonialmächte zusammenbrach. Heute sehen wir die *Pax Ottomana* differenzierter; auch sie war einmal ein funktionierender Ordnungsrahmen gewesen, vor allem für jene Regionen des Nahen und Mittleren Ostens, die bis heute nicht zur Ruhe gekommen sind.

Womöglich hängt unser plötzliches Interesse an diesen Reichen damit zusammen, dass es ihnen offenkundig über einen langen Zeitraum hinweg gelungen ist, unterschiedliche Kulturen, Völker und Landschaften unter einem Dach zusammenzubringen. Vielleicht ist es aber auch das heutige Machtvakuum, das solche Vergleiche provoziert. Die früheren Ordnungsmächte haben längst ihre Rolle verloren, das transatlantische Bündnis ist brüchig geworden, Europa ringt mit seinem Zusammenhalt, die multilaterale Welt erwärmt keine Seele. »The Empty Throne« heißt ein Buch, das sich einer alten christlichen Symbolik bedient und jetzt in den USA erschienen ist. Es handelt von Amerikas Ausstieg aus seiner alten Führungsrolle. Bildlicher kann man das Vakuum nicht beschreiben.

Um gleich einem Missverständnis vorzubeugen: Es geht nicht um die Sehnsucht nach alten Reichen; und auch nicht um die falschen Vergleiche. Es geht um Klopfzeichen aus der Vergangenheit, die uns darauf aufmerksam machen, was es in Europa schon einmal gab. Warum reden wir wieder über Habsburg? Warum ist Galizien eine Erwähnung wert? Warum beginnt der Roman eines jungen tschechischen Autors mit Königgrätz? Der erste übrigens, den Jaroslav Rudiš auf Deutsch geschrieben hat. Weil uns etwas Entscheidendes zu fehlen scheint; weil wir unsere Erinnerungen abgetrieben haben; weil wir eigentlich nichts mehr voneinander wissen und uns mit unseren Erinnerungsprothesen abfinden müssen. Der Karlspreis als ein Erinnerungsort? So etwas nennt man selbstreferentiell.

Überhaupt Königgrätz. Auch so ein Name, den keiner mehr nennt. »Die Schlacht bei Königgraetz geht durch mein Herz, sagte Winterberg und schaute aus dem beschlagenen Fenster des Zuges.« So beginnt der Roman von Jaroslav Rudiš. Königgrätz hat in der deutschen borussisch geprägten Gedenkkultur nie einen richtigen Platz gefunden, und unter den »Europäischen Erinnerungsorten« sucht man ihn ebenfalls vergeblich. Vielleicht begann damals schon jenes große Vergessen, das uns heute so sehr erstaunt. Die Länder Ostmitteleuropas sind in unsere politische Gegenwart zurückgekehrt. In unseren Erinnerungen fehlen sie wohl noch immer.

Das alte Habsburg lässt sich nicht mehr erfinden. Wir können nur die sepiafarbenen Bilder austauschen, die wir von dieser verflossenen Welt noch haben. Es sind zwei gegenläufige Bewegungen, die wir gerade erleben. Der Westen sucht nach seiner Geschichte, der Osten sucht seine Gegenwart. Ich bin mir nicht sicher, wo wir uns treffen.

Helden im Museum

Als die Mauer fiel und die Grenzen sich vor drei Jahrzehnten öffneten, ist nicht die Geschichte erwacht, sondern die Erinnerung. Sie kam auch nicht einzeln daher, in kleinen Portionen, sondern mit der kollektiven Wucht ganzer Länder. Vielleicht hat uns gerade in Westdeutschland so verstört, dass wir mit einer Erinnerung konfrontiert wurden, die nicht mehr die unsrige war. Wir reden jetzt seit dreißig Jahren über die Unterschiede der ostdeutschen Gesellschaft, über die Folgen der anderen Wirtschaftsform und auch über andere Mentalitäten. Wir ziehen Vergleiche mit den Migranten und scheuen uns nicht, Ostdeutschland für eine Kolonie zu halten. Dabei ist die materielle Bilanz der Einheit gar nicht so schlecht. Die harten Zahlen der Wiedervereinigung können sich sehen lassen. Nicht das Bruttosozialprodukt oder die Wachstumsraten trennen uns wirklich. Was uns trennt, sind unsere Erinnerungen. Vielleicht spielt das jetzt eine so große Rolle, weil die Generation allmählich verschwindet, die sich noch selbst erinnern kann: wie es war nach dem Krieg, wie man die Teilung erlebt hat und den Neubeginn unter großer Erwartung. Jede Generation hat ihre eigenen Hoffnungen. Das ist wohl die zerbrechlichste Erinnerungsform, die es gibt.

Erinnerungsgemeinschaften lassen sich nicht herbeizwingen. Das ist die Lektion aus drei Jahrzehnten der Einheit. Eigentlich kann das auch nicht überraschen, wenn man die moderne Gedächtnisforschung beherzigt. Das »kulturelle Gedächtnis«, wie Aleida und Jan Assmann es nennen, konstituiert sich in der Kommunikation mit der eigenen Gruppe. Aber der dort gepflegte »Wissensvorrat« ist gekennzeichnet durch eine scharfe Grenze, die »das Zugehörige vom Nichtzugehörigen«, »das Eigene vom Fremden trennt«. Die Assmanns nennen das etwas spröde »identitätskonkret«, aber sie meinen damit, dass eine Gruppe das »Bewusstsein ihrer Einheit und Eigenart« auf dieses Wissen gründet.[1] Geschichte lässt sich verallgemeinern, das kulturelle Gedächtnis offenbar nicht. »Deutsche und Polen teilen viele Erinnerungen«, sagen die Herausgeber des großangelegten Werks über die gemeinsamen Erinnerungsorte, aber sie entsprechen eben »unterschiedlichen Identitätsbedürfnissen in den jeweiligen Gesellschaften«.[2] Genau darum dreht sich der Streit.

Um das Museum des Zweiten Weltkriegs in Danzig ist er sehr grundsätzlich ausgebrochen. Dem Haus wurde in Polen die Abkehr vom nationalen

---

1 Jan Assmann, Kollektives Gedächtnis und kulturelle Identität, in: Kultur und Gedächtnis, herausgegeben von Jan Assmann, Tonio Hölscher, Frankfurt am Main 1988, S. 9 ff.

2 Hans Henning Jahn, Robert Traba, 20 Deutsch-polnische Erinnerungsorte, a. a. O., S. 1.

Geschichtsbild vorgeworfen. Der Direktor musste gehen, und weltweit hat man die »Zerstörung« des Ausstellungskonzepts beklagt. In dessen Mittelpunkt stand das Elend der Menschen im Krieg. Wie eine Ikone hängt in Danzig das Bild eines kleinen Jungen inmitten von Trümmern. Es ist nach den deutschen Luftangriffen auf Warschau entstanden. In Polen kennt es wohl jedes Kind. Ein Museum dürfe aber nicht überwältigen, heißt die Lehrmeinung in Deutschland dazu. Ein solches Bild sei für ein modernes Museum tabu.

Da zeigen sich wieder die Missverständnisse und Diskrepanzen. In der polnischen Reaktion geht es auch um Witold Pilecki. Er ging freiwillig nach Auschwitz, um Augenzeuge des Mordens zu werden, und organisierte den Widerstand im KZ. Nach dem Krieg haben ihn die Kommunisten dann hinterrücks erschossen, weil er keiner von ihnen gewesen war.

Wie zeigt man Heldenmut im Museum? Man habe die Ausstellung für einen »Standardbesucher« gemacht, erzählt ein junger Historiker, der am Aufbau des Danziger Museums beteiligt war. Man habe sich darunter einen gewöhnlichen »Portugiesen« vorgestellt, der keine Ahnung von polnischer Geschichte besitzt. Museumspädagogisch ist das sicher richtig gedacht. Die Nationalkonservativen in Polen aber fürchteten um ihre polnische Perspektive. Sie wollen die Stärkung der nationalen Identität, und das meint die Rückkehr zum polnischen

Mythos. Er aber wolle die Geschichte seines Landes im größeren Zusammenhang darstellen, sagt der geschasste Gründungsdirektor Pawel Machcewicz, schließlich sei Polen ein Teil von Europa.[3] Mir geht dabei Witold Pilecki nicht aus dem Kopf. Er war eine wichtige Figur in der Geschichte Europas. Im Gedächtnis der Polen aber ist er ein Held. Die Polen, notiert Enzensberger auf seiner Reise durch Europa, sind »Spezialisten der Erinnerung«. Selbst den Nationalsozialisten ist es nicht gelungen, »die Toten zu töten«.

Mitte September 2017 erschien auf YouTube ein kurzer Animationsfilm, der in vier Minuten das Schicksal Polens im Zweiten Weltkrieg erzählt. Sein Titel: »Die Unbesiegbaren« (*Niezwyciężeni*). Beauftragt hatte ihn das Institut für Nationales Gedenken«, das der deutschen Gauck-Behörde entspricht. Es geht darin um den Angriff der Sowjets und der Nazis auf Polen, um den Aufstand im Warschauer Ghetto und den Warschauer Aufstand; das KZ Auschwitz-Birkenau kommt vor, der Kampf um Monte Cassino und der Aufstand der Solidarnosc. Innerhalb von sechs Wochen haben sich 1,5 Millionen Menschen dieses Video angesehen. Der Film erzählt auch die Geschichte von Irena Sendler, die den jüdischen Kindern half; von Witold Pilecki und Jan Karski, die unter Lebensgefahr dafür sorgten,

---

3 Siehe auch Pawel Machcewicz, in: Polen-Analysen Nr. 192, vom 6. Dezember 2016.

dass das Ausland vom Grauen in den KZs erfuhr; und General Smorawinski, der in Katyn ermordet wurde. Es geht um Widerstand, um Standhalten und um den Mut, für die eigenen Werte einzustehen. Sofort nach dem Erscheinen im Netz hagelte es Kritik. Der Historiker Adam Leszczynski sprach von einer »demagogischen Märtyrergeschichte«, bei der edle Polen mit nichts anderem beschäftigt gewesen seien »als mit dem Kampf gegen niederträchtige Feinde«. Die Antwort des Mitautors und Produzenten Krzysztof Noworyta war symptomatisch: Wir reagieren nicht auf die Narrative anderer Nationen wie der Russen, der Amerikaner oder irgendeines anderen Volkes. »Als freie Menschen, die ihre Geschichte haben, erzählen wir sie jetzt auf eine Art, die uns zusagt.«[4]

Natürlich ist die Geschichtsklitterung offensichtlich; natürlich spielt dieser Clip eine herausragende Rolle in der Geschichtsstrategie der nationalkonservativen Regierung. Um das zu erkennen, braucht man nicht die Werkzeuge aus der Erinnerungsforschung. Viel wichtiger ist der Gegensatz, der hier aufgemacht wird, zwischen einer Geschichte für uns und einer Geschichte für andere. Nicht zufällig kommt einem da der fiktive portugiesische Einheitsbesucher des Danziger Museums wieder in den Sinn. Eine Politik aber, die sich zu isolieren droht, braucht

4 Krzysztof Ruchniewicz, Das Dilemma des Historikers. Zur Geschichtspolitik der PiS, in: Polska first, a. a. O., S. 200 ff.

auch ihre separate Geschichte. Es geht nicht um die Vergangenheit, es geht um das heutige Selbst. Aus all diesen Gründen sei es sinnvoll, meint Pawel Machcewicz, ein Museum zu gründen, »das die verschiedenen historischen Gedächtnisse der Europäer miteinander verbindet«. Dessen Funktion wäre es nicht, die »einheitliche, überall verbindliche Narration« zu erzeugen, sondern im Gegenteil, »die einzelnen historischen Erfahrungen, die die aktuelle Sensibilität der Franzosen, Deutschen, Polen oder Russen prägen«, besser verstehen zu helfen.[5] Das ist ein anderes Signal.

5 Reinhold Vetter, Das Schicksal des Danziger Weltkriegsmuseums. Die polnische Regierung und die europäische Ausrichtung des Projekts, in: Polen-Analysen Nr. 192, vom 6. Dezember 2016.

Ach, Europa

In Frankreich steht im April 2019 die berühmte Notre-Dame de Paris in Flammen. Ein Hauptwerk der Gotik brennt, und die Welt reagiert mit Entsetzen und Trauer. Der französische Präsident spricht von ihr als *cette part de nous*; sie gilt als das Herz des Herzens von Frankreich. »Es liegt jetzt an uns«, sagt Macron, »den Faden unseres nationalen Projekts« wiederzufinden. Für einen Moment trauert das Land um sich selbst.

Man denkt an Napoleons Krönung, an den jungen Paul Claudel, der in Notre-Dame zu seinem Glauben gefunden hat; an Charles de Gaulle, der in dieser Kathedrale für die Befreiung Frankreichs dankte. Man muss das so genau gar nicht wissen, um verstehen zu können, was ein Erinnerungsort ist. Der Papst spricht von einem nationalen Symbol, und in Frankreich verstummen für einen Moment die politischen Kontrahenten. »Dieses Gebäude ist wie ein Familienmitglied für uns«, sagt der Marxist Jean-Luc Mélenchon, »momentan sind wir alle in Trauer.«

In solchen Momenten gehört Notre-Dame eben zu Frankreich, und dann erst, wie die Kanzlerin meint, ganz Europa. In Deutschland hat man in dieser Brandnacht erstaunt registriert, wie »eine Nation kollektiv um ein Bauwerk trauert«, und sich gefragt, welches Gebäude in Deutschland dafür wohl in Frage käme. Das Brandenburger Tor? Der Reichstag? Dem »Spiegel« fiel noch die Elbphilharmonie ein. Ein solches Gedächtnis frisst alle Erinnerung auf. Notre-Dame sei doch nur erfundene Gotik, meint der deutsche Mediävist Valentin Groebner. Aber das ist eben genau wieder der Unterschied: zwischen dem, was irgendwann war – und wie es erinnert wird.

Ach Europa! Hans Magnus Enzensberger hat seine Reise durch einen bunten, widersprüchlichen, anarchischen Kontinent angetreten, da war noch nicht einmal das Ende des Ostblocks in Sicht. Schon damals hat er vor jenem anderen uniformen Europa gewarnt, das keine Abweichungen duldet und keine eigenen Wege. »Was uns bedroht«, lässt Enzensberger seinen fiktiven finnischen EG-Präsidenten Erkki Rintala sagen, »ist die Zwangseinheit, die Homogenisierung. Was uns rettet, ist unsere Vielfalt.«

Die Enttäuschung ist über uns gekommen, und wir haben ihr Kommen gar nicht bemerkt. Viele Wahrnehmungen passen nicht mehr zusammen, und die Meinungen gehen getrennte Wege. Ich stehe vor der mächtigen Isaakskathedrale von Sankt Petersburg, die Bolschewisten haben sie einst zum antireligiösen Museum gemacht. Heute streitet man, ob sie wieder in den Besitz der Kirche übergehen soll. Mein russischer Begleiter zeigt mir die Schäden durch den deutschen Artilleriebeschuss. Die Geschichte ist präsent und trotzdem weit weg.

Es ist ein warmer Vorfrühlingstag, die Stadt plätschert so vor sich hin. Durch die Bäume, die noch keine Blätter tragen, kann man den Ehernen Reiter sehen. Was ist das für eine merkwürdige Zeit. Zum Tag der Vaterlandsverteidiger hat es hier einen Auftritt des Petersburger Konzertchors gegeben. Am Ende sangen sie alle das alte Lied vom Atom-U-Boot, dessen Raketen auf Washington zielen. Andrej Kolowski hat es 1980 geschrieben, und es soll damals wohl eine Satire gewesen sein. Doch bei der Strophe über »meinen Freund Wowotschka« denkt man unweigerlich an den heutigen Wladimir; auch er fängt an, mit Bomben zu drohen.[1] Sankt Petersburg zeigt an diesem Vorfrühlingstag sein schönstes Gesicht; und ich habe Mühe, beide Gedanken zusammenzudenken. Eine junge Hotelangestellte beendet ihre Zigarettenpause. Bevor sie zur Arbeit zurückkehrt, bekreuzigt sie sich. Der Heilige Isaak segnet vom Giebel.

In Deutschland diskutiert man derweil, ob sich der Osten als Kolonie fühlen soll und ob man eine neue Nationalhymne braucht. Die neuen Länder würden bei der alten nicht mehr richtig mitsingen wollen. Es ist unverkennbar, wie die politischen Vorschläge ins symbolische Fach wechseln. Im Zeichen der Kultur werden die blutigen Schlachten geschlagen, nicht mehr um das Bruttosozialprodukt.

---

1 Kerstin Holm, Unsere Bomben zielen auf Washington, in: Frankfurter Allgemeine Zeitung vom 26. Februar 2019.

Es geht um Stolz, um Würde, um Anerkennung; die Biographien sind wichtig geworden und die Kontrolle über das eigene Leben. Francis Fukuyama spricht von Identitätspolitik, und Krastev sieht die Wiederkehr der alten Ost-West-Spaltung.

Aber die gegenwärtige Krise Europas lässt sich nicht mehr räumlich verstehen. Sie ist ein Problem der spätmodernen Gesellschaften überhaupt geworden und lässt sich im Osten wie im Westen gleichermaßen beobachten. Der Soziologe Andreas Reckwitz hat diesen fundamentalen Wandel beschrieben: von der Vorherrschaft des Allgemeinen zur Logik des Besonderen.[2] Die spätmoderne Gesellschaft sucht das Einzigartige; das, was nicht austauschbar und nicht vergleichbar erscheint. Das erklärt ihren Widerstand gegen den von Krastev beschriebenen Nachahmungsimperativ wahrscheinlich viel besser als die so beliebte Traumatheorie.

Wir werden uns – ob wir es wollen oder nicht – daran gewöhnen müssen, den Widerstand gegen die globale Welt und ihre ubiquitären Eliten als hochmodern zu begreifen; nicht als Zeichen von Rückständigkeit oder regressivem Verhalten. In Europa treffen keine ungleichzeitigen Verhältnisse aufeinander, schon gar nicht geteilt nach Ost und nach West. Es ringen aktuelle Gesellschaftsentwürfe miteinander, in denen die Kultur plötzlich

---

2 Andreas Reckwitz, Die Gesellschaft der Singularitäten. Zum Strukturwandel der Moderne, Berlin 2017.

die entscheidende Rolle spielt. Will man ein Europa von überall her oder eines, das noch bei sich selber ist? Es stehen sich heute nicht Europa-Gegner und Europa-Befürworter gegenüber, sondern konkurrierende Vorstellungen davon, wie dieses Europa aussehen soll. Europa wird längst schon zusammengedacht. Vielleicht wächst es nur anders zusammen.

Literaturhinweise

Benedict Anderson, Die Erfindung der Nation. Zur Karriere eines folgenreichen Konzepts, Frankfurt am Main 2005.

Juri Andruchowytsch, Andrzej Stasiuk, Mein Europa, Berlin 2004.

Pim den Boer, Heinz Duchhardt, Georg Kreis, Wolfgang Schmale (Hgg.), Europäische Erinnerungsorte: Mythen und Grundbegriffe des europäischen Selbstverständnisses, 3 Bde., München 2011; Bd. II, S. 325.

Marcus Böick, Die Treuhand. Idee – Praxis – Erfahrung 1990–1994, Göttingen 2018.

Robert Born, Alena Janatková, Adam S. Labuda (Hgg.), Die Kunsthistoriographien in Ostmitteleuropa und der nationale Diskurs, Berlin 2004.

Jochen Buchsteiner, Die Flucht der Briten aus der europäischen Utopie, Reinbek 2018.

Wolfgang Büscher, Berlin – Moskau. Eine Reise zu Fuß, Reinbek 2003.

Dipesh Chakrabarty, Europa als Provinz. Perspektiven postkolonialer Geschichtsschreibung, Frankfurt am Main/New York 2010.

Verena Dohrn, Reise nach Galizien. Grenzlandschaften des alten Europa, Frankfurt am Main 1991.

Wolfgang Engler, Jana Hensel, Wer wir sind: die Erfahrung ostdeutsch zu sein, Berlin 2018.

Etienne François, Hagen Schulze (Hgg.), Deutsche Erinnerungsorte, 3 Bde., München 2003.

Francis Fukuyama, Identität. Wie der Verlust der Würde unsere Demokratie gefährdet, Hamburg 2019.

Oskar Halecki, Grenzraum des Abendlandes. Eine Geschichte Ostmitteleuropas, Salzburg o. J.

Hans Henning Hahn, Robert Traha (Hgg.), 20 Deutsch-Polnische Erinnerungsorte, 5 Bde. herausgegeben von Hans Henning Hahn, Robert Traha; Bd. 5 herausgegeben von Robert Traha, Peter Oliver Loew, Paderborn 2012-2015.

James Hawes, Die kürzeste Geschichte Deutschlands, Berlin 2017.

Michael Jeismann und Henning Ritter (Hgg.), Grenzfälle. Über neuen und alten Nationalismus, herausgegeben von Michael Jeismann und Henning Ritter, Leipzig 1993.

Karl Kaser, Dagmar Gramshamer-Hohl, Robert Pichler (Hgg.), Europa und die Grenzen im Kopf, Klagenfurt 2003.

Navid Kermani, Entlang den Gräben. Eine Reise durch das östliche Europa bis nach Isfahan, München 2017.

Petra Köpping, Integriert doch erst mal uns. Eine Streitschrift für den Osten, Berlin 2018.

Andreas Kossert, Kalte Heimat: die Geschichte der deutschen Vertriebenen nach 1945, München 2008.

Ivan Krastev, Europadämmerung. Ein Essay, Berlin 2017.

Małgorzata Omilanowska (Hg.), Tür an Tür. Polen – Deutschland. 1000 Jahre Kunst und Geschichte. Katalog Berliner Festspiele, Köln 2011.
Robert Jan van Pelt, Debórah Dwork, Auschwitz. Von 1270 bis heute, Zürich/München 1998.
Martin Pollack, Galizien. Eine Reise durch die verschwundene Welt Ostgaliziens und der Bukowina, Frankfurt am Main 2001.
Dietmar Popp, Robert Suckale (Hgg.), Die Jagiellonen. Kunst und Kultur einer europäischen Dynastie an der Wende zur Neuzeit, Nürnberg 2002.
James Rebanks, Mein Leben als Schäfer, München 2017.
Andreas Reckwitz, Die Gesellschaft der Singularitäten. Zum Strukturwandel der Moderne, Berlin 2017.
Dieter Richter, Der Süden. Geschichte einer Himmelsrichtung, Berlin 2009.
Karl Schlögel, Die Mitte liegt ostwärts. Europa im Übergang, München 2002.
Ders., Im Raume lesen wir die Zeit. Über Zivilisationsgeschichte und Geopolitik, München 2003.
György Schöpflin, Mitteleuropa in der Falle. Zur Messalliance mit der EU, in: Unterm Messer. Der illiberale Staat in Ungar und Polen, Osteuropa, Heft 3–5, 2018.
Timothy Snyder, Bloodlands: Europa zwischen Hitler und Stalin, München 2013.
Gerald Stourzh, Annäherungen an eine europäische Geschichtsschreibung, Wien 2002.

Simon Winder, Kaisers Rumpelkammer: Unterwegs in der Habsburger Geschichte, Reinbek 2014.
Heinrich August Winkler, Geschichte des Westens. Von den Anfängen in der Antike bis zum 20. Jahrhundert, München 2016.
Wolfgang Wippermann, Die Deutschen und der Osten. Feindbild und Traumland, Darmstadt 2007.

2019
zu Klampen Verlag
Röse 21 · D-31832 Springe
info@zuklampen.de · www.zuklampen.de

Reihenentwurf: Martin Z. Schröder, Berlin
Satz: textformart, Göttingen
Gesetzt aus Baskerville Ten
Druck: CPI – Clausen & Bosse, Leck

ISBN 978-3-86674-592-6

Bibliographische Information der
Deutschen Nationalbibliothek:
Die Deutsche Nationalbibliothek
verzeichnet diese Publikation in der
Deutschen Nationalbibliographie;
detaillierte bibliographische Daten
sind im Internet abrufbar:
http://dnb.d-nb.de